中共河北省委党校（河北行政学院）创新工程科研项目成果

推动农村公共服务高质量发展的路径研究

张茜 耿晓 著

东北大学出版社
·沈 阳·

ⓒ 张 茜 耿 晓 2023

图书在版编目（CIP）数据

推动农村公共服务高质量发展的路径研究 / 张茜，耿晓著. — 沈阳：东北大学出版社，2023.8
ISBN 978-7-5517-3397-7

Ⅰ. ①推… Ⅱ. ①张… ②耿… Ⅲ. ①农村—公共服务—研究—中国 Ⅳ. ①D669.3

中国国家版本馆CIP数据核字(2023)第163083号

出 版 者：	东北大学出版社
	地址：沈阳市和平区文化路三号巷11号
	邮编：110819
	电话：024-83680267（社务部） 83687331（营销部）
	传真：024-83683655（总编室） 83680180（营销部）
	网址：http://www.neupress.com
	E-mail:neuph@neupress.com
印 刷 者：	沈阳市美图艺术印刷有限公司
发 行 者：	东北大学出版社
幅面尺寸：	170 mm × 240 mm
印　　张：	8
字　　数：	148千字
出版时间：	2023年8月第1版
印刷时间：	2023年8月第1次印刷
策划编辑：	杨世剑
责任编辑：	张庆琼
责任校对：	王　旭
封面设计：	潘正一
责任出版：	唐敏志

ISBN 978-7-5517-3397-7　　　　　　　　　　　　定价：48.00元

前　言

　　党的十九届五中全会审议通过的《中共中央关于制定国民经济和社会发展第十四个五年规划和二〇三五年远景目标的建议》对新发展阶段优先发展农业农村、全面推进乡村振兴作出总体部署。农村公共服务既是满足农村居民美好生活需要的重要手段，也关系到农村发展方式转变、经济结构优化、增长动力转换等重大经济议题。本书以农村公共服务为研究对象，聚焦农村公共服务短板和弱项，直面新发展阶段农村公共服务面临的机遇与挑战，探索适合新发展阶段推进农村公共服务高质量发展的有效路径。

　　2021年1月4日出台的《中共中央　国务院关于全面推进乡村振兴加快农业农村现代化的意见》与"十四五"发展规划一脉相承，为今后一段时期农村公共服务的发展指明了方向。本书在新发展格局下，紧紧围绕农村公共服务高质量发展这一主题，统筹推进农村公共服务发展，补齐公共服务短板，优化公共服务供给模式，探索推动公共服务高质量发展的有效路径。本书通过针对性研究，对村民日益增长的美好生活需要与农村公共服务供给方式进行对比思考，反思现有农村公共服务模式短板，创新思维，积极探索不同发展路径；通过PPP加大高质量农村公共服务供给，以数字技术赋能农村公共服务，大力推动农村"新基建"与"软基建"的有效对接，着力构建政府、社会、公民协同参与的大环境，全力实施"整全赋能"提升农村公共服务精准性等路径，推动公共服务高质量发展。

　　优化农村公共服务，有助于稳住"三农"基本盘，发挥"三农"压舱石作用，对稳定经济社会发展大局至关重要，也是推进农业农村高质量发展的新动能。本书立足新发展格局，重新思考农村公共服务发展路径。随着经济发展阶段的转变和经济改革的深化，村民日益增长的美好生活需要使公共服务供给的短板日益凸显。政府在农村公共服务供给中的传统角色定位发生了极大变化，传统的农村公共服务模式已无法满足村民对于公共服务的需求。因此，采用多元化、高效率的农村公共服务供给模式，构建政府、市场、社会组织和村民共同参与的多元化公共服务供给模式，改变以往单一供给的方式，创新农村公共服务发展路径，是推动农村公共服务高质量发展的有效路径。

本书为"中共河北省委党校（河北行政学院）创新工程科研项目"成果，由张茜、耿晓共同撰著。其中，第一、二、三章由张茜负责撰著，第四、五章由耿晓负责撰著。在本书的撰著过程中，著者进行了充分调研，收集了国内外有关案例，并反复分析了案例、学习了相关政策文件。

由于撰著时间和著者水平有限，本书中难免有疏漏和不足之处，敬请广大读者批评指正。

著　者

2023年2月

目 录

第一章　我国农村公共服务的发展历程与成就 ……………………………1

第一节　我国农村公共服务的发展历程 ……………………………………1

一、农村公共服务探索阶段（1978—1992年） …………………………2

二、农村公共服务发展阶段（1993—2006年） …………………………3

三、农村公共服务深化阶段（2007—2012年） …………………………6

四、农村公共服务完善阶段（2013—2020年） …………………………7

五、农村公共服务高质量发展阶段（2021年至今） ……………………10

第二节　我国农村公共服务现阶段取得的主要成就 ………………………11

一、从中央一号文件政策变迁看农村公共服务 …………………………11

二、我国农村公共服务的发展历程中取得的主要成就 …………………30

三、我国农村公共服务的成功举措 …………………………………………35

第二章　高质量发展阶段农村公共服务的新内涵和新命题 ……………47

第一节　高质量发展阶段农村公共服务的主要目标、重点任务和基本要求 ……………………………………………………………47

一、主要目标 …………………………………………………………………47

二、重点任务 …………………………………………………………………49

三、基本要求 …………………………………………………………………51

第二节　推动农村公共服务高质量发展是高质量发展阶段的新命题 ……52

一、农村公共服务高质量发展是乡村振兴发展的根基 …………………52

1

二、农村公共服务高质量发展是以人民为中心的发展 ……………… 53

第三章 农村公共服务领域存在的问题与挑战 …………………………… 54

第一节 我国农村公共服务存在的主要问题及原因 …………………… 54
一、我国农村公共服务存在的主要问题 …………………………… 54
二、我国农村公共服务存在问题的原因分析 ……………………… 59

第二节 我国农村公共服务面临的挑战 ………………………………… 65
一、聚焦新发展阶段对农村公共服务提出更高要求 ……………… 65
二、新冠病毒感染疫情对我国农村公共服务的影响 ……………… 68

第三节 值得思考与分析的问题 ………………………………………… 70
一、如何提升公民获得感和幸福感？ ……………………………… 70
二、如何补齐民生短板？ …………………………………………… 72
三、新形势下如何转变发展思路、探索发展新路径？ …………… 73
四、如何使农村公共服务与农民满意度相契合？ ………………… 73

第四章 国内外农村公共服务发展经验 …………………………………… 76

第一节 国外农村公共服务发展经验 …………………………………… 76
一、德国农村公共服务发展经验 …………………………………… 76
二、美国提高农村基层公共服务质量的经验 ……………………… 80
三、日本农村公共服务的发展经验 ………………………………… 85
四、韩国农村基层公共服务提供的经验 …………………………… 88

第二节 我国农村公共服务发展经验 …………………………………… 91
一、山东省荣成市经验：构建新型农村养老服务体系 …………… 91
二、广东省惠来县"农民工匠"模式推动公共服务高质量发展 … 95
三、重庆市长寿区农民自治管理模式 ……………………………… 99

第五章 多措并举推动农村公共服务高质量发展 ………………………… 103

第一节 构建以政府为主导的多元供给体制 …………………………… 103

一、确立政府在农村公共服务中的主导地位 …………………103
　　二、激励和支持公共服务多元合作供给 ……………………103
　　三、建立高效的政府协同机构 ……………………………105
第二节　完善监督机制，健全法制体系 ………………………106
　　一、优化农村基本公共服务法治化框架 ……………………106
　　二、完善农村基本公共服务法治化制度 ……………………109
第三节　培养建立与农村公共服务相适应的人才队伍 ……………109
　　一、挖掘培养农村本地治理能力带头人 ……………………110
　　二、培养一批农村公共服务管理专业人才 …………………111
第四节　数字技术融入农村公共服务 …………………………111
　　一、与数字化融合，优化农村教育资源 ……………………112
　　二、利用数字化手段，提高农村医疗服务质量 ………………113

参考文献 ………………………………………………118

一、确立政府在农村公共服务中的主导地位 ……………………… 103
二、鼓励和支持公共服务多元合作供给 …………………………… 103
三、建立高效的政府协同机构 ……………………………………… 105
第二节 完善监督机制，健全法制体系 …………………………… 106
一、优化农村基本公共服务法治化框架 …………………………… 106
二、完善农村基本公共服务法治化制度 …………………………… 109
第三节 培养建立与农村公共服务相适应的人才队伍 ………… 109
一、挖掘培养农村本地的管理施才带头人 ………………………… 110
二、培养一批农村公共服务管理专业人才 ………………………… 111
第四节 数字技术融入农村公共服务 ……………………………… 111
一、当数字化融合，优化农村、省资源 …………………………… 112
二、利用数字化手段，提高农村医疗服务质量 …………………… 113

参考文献 …………………………………………………………………… 118

第一章　我国农村公共服务的发展历程与成就

第一节　我国农村公共服务的发展历程

我国作为农业大国，农村人口占比大，农村的稳定关乎国家的稳定，农村的发展关乎国家的发展。我国农村历经发展，取得了日新月异的变化。同时，不同时期面临着不同的复杂多变的问题。党中央高度重视农村发展，积极破解不同时期的农村发展难题，以政策助推农村发展。本节内容将以发展阶段为主线，回顾我国农村公共服务发展历程。

农村公共服务涉及范围非常广。泛化来说，包括农村公共基础设施、农村公共事业和社会福利等各个领域。具体来说，包括农田水利、道路交通、电力通信、土地改造、村庄整治等公共基础设施，义务教育、计划生育、社会治安、文化、卫生、社会保障、优抚救济等公共事业，以及农业科研、农业信息、农业技术推广、农业科技培训、病虫害防治、防灾减灾、基层行政、司法等公共服务，覆盖了农村生产生活的各个方面。

国内外学者对于农村公共服务的研究成果很多，尤其是在农村公共服务的定义方面，进行了细致的梳理。从服务类别来看，曾有学者阐述，农村公共服务是一种混合服务，分别为在性质上接近于公共服务的农村准公共服务、一般准公共服务及在性质上接近于私人服务的农村混合型公共服务。

农村公共服务主要可分为两类（如表1-1所示）。第一类是农村纯公共服务，主要包括农村基层行政服务、农业发展战略研究、农村环境保护等，这一类服务是依靠政府来提供的。第二类是农村混合服务，其中包括在性质上接近于公共服务的农村准公共服务（主要包括农村义务教育、农村公共卫生、农村基本医疗、农村社会保障、农业科技成果推广等）、一般准公共服务（主要包括农村高中教育、农村职业教育、农村道路建设、农村电网建设等）及在性质上接近于私人服务的农村混合型公共服务（主要包括农村公共文化建设、成人教育、农业经营等)。

表1-1 农村公共服务分类

农村纯公共服务	农村混合服务		
	在性质上接近于公共服务的农村准公共服务	一般准公共服务	在性质上接近于私人服务的农村混合型公共服务
农村基层行政服务、农业发展战略研究、农村环境保护等	农村义务教育、农村公共卫生、农村基本医疗、农村社会保障、农业科技成果推广等	农村高中教育、农村职业教育、农村道路建设、农村电网建设等	农村公共文化建设、成人教育、农业经营等

改革开放40多年来，我国农村公共服务经历了探索阶段、发展阶段、深化阶段、完善阶段，现已进入高质量发展阶段。回顾40多年的发展历程可以看出，我国在农村改革上下了大力、迈了大步，取得了突破性的进展。

一、农村公共服务探索阶段（1978—1992年）

我国的改革是从农村开始的，1978年党的十一届三中全会的召开，标志着我国农村改革正式开始，拉开了农村改革的序幕。党的十一届三中全会原则通过了《中共中央关于加快农业发展若干问题的决定（草案）》《农村人民公社工作条例（试行草案）》。

毛泽东同志曾多次强调"在农村中压倒一切的工作是农业生产工作，其他工作都是围绕农业生产工作而为它服务的。任何妨碍农业生产的所谓工作任务和工作方法，必须避免"①。因此，这个时期的农村公共服务在很大程度上是服务于农业生产的。

农村公共服务涵盖了众多与农民生产生活生存发展切实相关的直接利益。1978年的中国，正处于改革发轫期，各项事业亟待恢复和调整，农村工作受到重视，百废待兴。在当时的发展背景下制定的公共服务供给也是较有侧重点的，尤其是在涉及养老、医疗、教育等关乎农民生存发展的众多需求的公共服务。

1979年9月28日，党的十一届四中全会通过了《中共中央关于加快农业发展的若干问题的决定》，明确了"不许分田单干。除某些副业生产的特殊需要和边远山区、交通不便的单家独户外，也不要包产到户"。1980年4月5日，邓小

---

① 中共中央文献研究室.毛泽东思想年编：一九二一——一九七五［M］.北京：中央文献出版社，2011.

平同志的两次重要讲话为农村改革提供了突破口。同年4月2日，邓小平同志特地把胡耀邦、万里、姚依林、邓力群等同志找去谈话，针对农业问题，他强调："对地广人稀、经济落后、生活贫困的地区，政策要放宽，要使每家每户都自己想办法，多找门路，增加生产，增加收入。"①同年5月31日，在表扬安徽省肥西县实行包产到户和凤阳县的"大包干"时，邓小平同志指出："有的同志担心，这样搞会不会影响集体经济。我看这种担心是不必要的。我们总的方向是发展集体经济。"②可以说，邓小平同志是我国农村发展改革的推动者。随着改革开放的稳步推进，农村公共服务事业也在持续推进。

二、农村公共服务发展阶段（1993—2006年）

2003年，党的十六届三中全会将公共服务确定为政府四大职能之一，农村公共服务也随之进入发展阶段。自此，我国将政府职能从重视经济发展转变到全面推进公共服务上，农村公共服务建设越来越受到重视。党的十六届五中全会提出了建设社会主义新农村的战略构想。这一构想的提出，对于农村公共服务的发展起到了重要的影响。新农村建设是解决我国"三农"问题的重要举措，是一项贴近农村、贴近农民的民生工程。在新农村建设过程中，其中一项重要工作就是发展农村公共服务。

不得不承认，该阶段农村公共服务的短板很多、与城市的差距很大，特别是城乡分治以来，农村社会发展成为一种边缘化发展模式，教育、卫生、公共安全等各方面的优势资源在农村都比较稀缺，所造成的社会问题是上学难、看病难，这与我国社会的发展背道而驰。

根据第二次全国农业普查主要数据公报，对这一阶段的农村公共服务进行分析，可以窥见农村公共服务在当时的发展情况。

（一）农村基础设施

2006年末，第二次全国农业普查中对农村公共服务进行了普查，普查数据显示：全国乡镇地域拥有火车站的占比为9.6%；乡镇地域内拥有二级以上公路的占比接近半数，约为46.1%；乡镇邮电所和储蓄所的占比较高，约为81.1%和88.4%；公园的数量不足，仅为11.7%；综合市场的发展相对成熟，约为

---

① 中共中央文献研究室邓小平研究组.邓小平1904—1997［M］.成都：四川人民出版社，2009：178.
② 中共中央文献研究室.改革开放三十年重要文献选编：上册［M］.北京：中央文献出版社，2008：140.

68.4%;农产品专业市场的数量并不多,仅为23.0%。实施集中供水的镇的数量超过镇的总数量的2/3,接近72.3%;但能够进行生活污水集中处理的镇的数量很少,仅为19.4%;有垃圾处理站的镇则达不到半数,仅为36.7%。道路建设、通电、电话及接收电视节目等方面发展较好,占比分别为95.5%、98.7%、97.6%、97.6%。村饮用水经过集中净化处理的占比不足1/3,仅为24.5%;而村实施垃圾集中处理的占比更低,仅为15.8%;有沼气池的村接近1/3,仅为33.5%;村完成改厕的数量低于20.6%。34.4%的村内有50平方米以上的综合商店或超市。

普查数据显示,这一阶段农村公共服务仍处于相对落后阶段,发展不充分的问题非常明显。尤其是火车站,全国乡镇占比不足10%,实现生活污水集中处理、垃圾集中处理的镇都不足总数的20%。

(二)农村居民生活条件

普查数据显示,2006年末,农村居民平均每户拥有住宅面积较大,约为128平方米。拥有自己的住宅的住户接近99.3%。使用管道水的住户接近半数,约为48.6%,但炊事能源以柴草为主的户数仍然很高,约为60.2%。

可见,这一阶段农村居民的居住面积比较大,大部分居民拥有自己的住宅,但是拥有管道水的人数达不到总人数的一半,而且普遍仍以柴草作为主要的炊事能源。

(三)电力、通信

普查数据显示,2006年末,全国81.9%的乡镇完成了农村电网改造,81.1%的乡镇有邮电所,98.7%的村通电,97.6%的村通电话。表1-2为有电力、通信设施的乡镇或村占比。

表1-2 有电力、通信设施的乡镇或村占比

项目	全国	东部地区	中部地区	西部地区	东北地区
已经完成农村电网改造的乡镇	81.9%	96.8%	87.7%	67.2%	97.6%
有邮电所的乡镇	81.1%	86.2%	89.2%	71.6%	90.7%
通电的村	98.7%	99.8%	99.8%	96.0%	99.9%
通电话的村	97.6%	99.6%	98.6%	93.8%	99.6%

可见,这一阶段我国在农村电力和通信方面做的工作相对比较到位,基本

实现了乡镇、村、自然村的电力和通信畅通。

（四）文化教育

普查数据显示，2006年末，全国10.8%的乡镇有职业技术学校，11.7%的乡镇有公园，71.3%的乡镇有广播站、电视站，97.6%的村能接收电视节目，57.4%的村安装了有线电视，30.2%的村有幼儿园、托儿所，10.7%的村有体育健身场所，13.4%的村有图书室、文化站，15.1%的村有农民业余文化组织。表1-3为有文化教育设施的乡镇或村占比。

表1-3 有文化教育设施的乡镇或村占比

项目	全国	东部地区	中部地区	西部地区	东北地区
有职业技术学校的乡镇	10.8%	14.3%	12.3%	7.8%	11.7%
有公园的乡镇	11.7%	23.3%	9.9%	6.6%	8.9%
有广播站、电视站的乡镇	71.3%	72.6%	75.6%	67.4%	74.7%
村内有小学	32.4%	25.9%	37.8%	34.1%	38.2%
村内有中学	5.8%	5.3%	6.2%	5.9%	6.9%
能接收电视节目的村	97.6%	99.2%	98.0%	94.9%	99.7%
安装了有线电视的村	57.4%	73.6%	48.2%	43.4%	74.5%
有幼儿园、托儿所的村	30.2%	35.1%	31.1%	22.0%	37.3%
有体育健身场所的村	10.7%	19.0%	6.7%	4.8%	7.6%
有图书室、文化站的村	13.4%	18.1%	9.7%	10.9%	16.4%
有农民业余文化组织的村	15.1%	19.4%	12.8%	12.0%	15.4%
能接收电视节目的自然村	95.3%	97.2%	96.0%	92.9%	99.3%
安装了有线电视的自然村	44.3%	70.6%	34.3%	35.5%	57.3%

可见，至2006年，全国职业教育发展水平低下，仅10%左右的乡镇有职业技术学校，仅10%左右的村有体育健身场所。其中，西部地区发展最为薄弱，仅7.8%的乡镇有职业技术学校，文化等娱乐设施匮乏。

（五）环境卫生

普查数据显示，在普查的19391个镇中，72.3%的镇实施集中供水，19.4%的镇生活污水经过集中处理，36.7%的镇有垃圾处理站，24.5%的村饮用水经过集中净化处理，15.8%的村实施垃圾集中处理。表1-4为有卫生处理设施的镇或村占比。

表1-4 有卫生处理设施的镇或村占比

项目	全国	东部地区	中部地区	西部地区	东北地区
实施集中供水的镇	72.3%	76.6%	65.0%	74.6%	68.3%
生活污水经过集中处理的镇	19.4%	25.7%	17.3%	16.7%	12.9%
有垃圾处理站的镇	36.7%	48.9%	35.3%	30.0%	21.9%
饮用水经过集中净化处理的村	24.5%	47.4%	9.4%	11.7%	20.3%
实施垃圾集中处理的村	15.8%	29.9%	7.9%	6.2%	14.5%
有沼气池的村	33.5%	22.5%	41.2%	42.6%	14.7%
完成改厕的村	20.6%	28.5%	15.7%	16.9%	12.0%

可见，这一阶段卫生环境问题还有待解决，生活污水经过集中处理的镇数量很少，有垃圾处理站的镇发展水平参差不齐且整体水平不高，饮用水经过集中净化处理的村占比小，即使东部地区属于发展较好的地区，但其占比仍没有超过半数。

（六）卫生设施

普查数据显示，使用水冲式厕所的有2838万户，占12.8%；使用旱厕的9796万户，占44.3%；使用简易厕所或无厕所的9474万户，占42.9%。表1-5为按照家庭卫生设施类型分类的住户构成。

表1-5 按照家庭卫生设施类型分类的住户构成（一）

项目	全国	东部地区	中部地区	西部地区	东北地区
水冲式厕所	12.8%	26.0%	6.0%	6.2%	1.3%
旱厕	44.3%	38.3%	54.1%	40.6%	49.2%
简易厕所或无厕所	42.9%	35.7%	39.9%	53.2%	49.5%

可见，这一阶段农村整体卫生设施发展落后，水冲式厕所占比最低，东北地区仅占1.3%，半数左右仍使用传统旱厕，简易厕所或无厕所占比在半数左右。

三、农村公共服务深化阶段（2007—2012年）

2006年10月11日，党的十六届六中全会通过了《中共中央关于构建社会主义和谐社会若干重大问题的决定》，提出构建社会主义和谐社会的目标和主要任务之一就是"基本公共服务体系更加完备，政府管理和服务水平有较大提高"，并在第四部分中提到，要"加强制度建设，保障社会公平公正"。

2007年，党的十七大报告明确指出，要缩小区域差距，必须注重实现基本公共服务均等化。由此，城乡基本公共服务均等化成为农村公共服务深化阶段的主要任务和目标。

四、农村公共服务完善阶段（2013—2020年）

"十二五"规划建议提出要"完善基本公共服务体系"，重点在于"供给"体系的完善，以"推进城乡基本公共服务均等化"。从这一建议的提出可以看出，城乡基本公共服务迎来了发展的机遇。

根据第三次全国农业普查主要数据公报，对这一阶段的农村公共服务进行分析，可以看出农村公共服务在当时的发展情况。

（一）住房

普查数据显示，2016年末，全国99.5%的农户拥有自己的住房，住房数量与结构构成如表1-6所列。其中，拥有1处住房的有20030万户，占87.0%；拥有2处住房的有2677万户，占11.6%；拥有3处及以上住房的有196万户，占0.9%；拥有商品房的有1997万户，占8.7%。由此可以看出，农民几乎都拥有了自己的住房，农民住房保障问题得到了解决。从住房结构来看，农户住房主要为砖混和砖（石）木结构。住房为砖混结构的有13182万户，占57.2%；砖（石）木结构的有5993万户，占26.0%；钢筋混凝土结构的有2884万户，占12.5%；竹草土坯结构的有640万户，占2.8%；其他结构的有329万户，占1.5%。

表1-6 住房数量与结构构成

	项目	全国	东部地区	中部地区	西部地区	东北地区
按照拥有住房数量划分	拥有1处住房	87.0%	82.7%	87.9%	89.5%	93.9%
	拥有2处住房	11.6%	15.6%	11.0%	9.2%	5.0%
	拥有3处及以上住房	0.9%	1.4%	0.7%	0.5%	0.3%
	没有住房	0.5%	0.3%	0.4%	0.8%	0.8%
	拥有商品房	8.7%	10.1%	8.1%	8.0%	7.4%
按照住房结构划分	钢筋混凝土	12.5%	15.7%	13.5%	9.5%	5.3%
	砖混	57.2%	57.9%	65.3%	50.6%	47.8%
	砖（石）木	26.0%	25.1%	18.9%	30.9%	42.5%
	竹草土坯	2.8%	0.9%	1.5%	5.9%	3.6%
	其他	1.5%	0.4%	0.8%	3.1%	0.8%

由以上数据可以看出，传统的砖混和砖（石）木结构住房仍然占据主要房屋结构的一半以上，钢筋混凝土结构在其中的比例非常低。因此，这一阶段关于住房问题，虽然解决了量的问题，但质的问题仍然存在。

（二）能源、通信

普查数据显示，2016年末，全国99.7%的村通电，11.9%的村通天然气，99.5%的村通电话，82.8%的村安装了有线电视，89.9%的村通宽带互联网，25.1%的村有电子商务配送站点。表1-7为村能源、通信设施构成。

表1-7 村能源、通信设施构成

项目	全国	东部地区	中部地区	西部地区	东北地区
通电的村	99.7%	100.0%	99.9%	99.2%	100.0%
通天然气的村	11.9%	10.3%	8.4%	18.3%	4.7%
通电话的村	99.5%	100.0%	99.7%	98.7%	100.0%
安装了有线电视的村	82.8%	94.7%	82.9%	65.5%	95.7%
通宽带互联网的村	89.9%	97.1%	84.1%	77.3%	96.6%
有电子商务配送站点的村	25.1%	29.4%	22.9%	21.9%	24.1%

从表1-7可以看出，农村的电力问题得到了根本解决，基本上保证了村村通电；天然气的发展仍然不充分，甚至可以说还有很长的路要走。

（三）环境卫生

普查数据显示，2016年末，全国91.3%的乡镇集中或部分集中供水，90.8%的乡镇生活垃圾集中处理或部分集中处理；73.9%的村生活垃圾集中处理或部分集中处理，17.4%的村生活污水集中处理或部分集中处理，53.5%的村完成或部分完成改厕。表1-8为乡镇、村卫生处理设施构成。

表1-8 乡镇、村卫生处理设施构成

项目	全国	东部地区	中部地区	西部地区	东北地区
集中或部分集中供水的乡镇	91.3%	96.1%	93.1%	87.1%	93.6%
生活垃圾集中处理或部分集中处理的乡镇	90.8%	94.6%	92.8%	89.0%	82.3%
生活垃圾集中处理或部分集中处理的村	73.9%	90.9%	69.7%	60.3%	53.1%
生活污水集中处理或部分集中处理的村	17.4%	27.1%	12.5%	11.6%	7.8%
完成或部分完成改厕的村	53.5%	64.5%	49.1%	49.1%	23.7%

由表1-8可以看出，在农村供水方面，乡镇的供水问题基本得到了解决，但仍有部分乡镇存在集中供水问题；垃圾处理问题仍然存在，需要加以重视，尤其是村生活污水集中处理或部分集中处理问题；改厕问题仍然是一个大问题。

（四）卫生设施

普查数据显示，2016年末，全国使用水冲式卫生厕所的有8339万户，占36.2%；使用水冲式非卫生厕所的有721万户，占3.1%；使用卫生旱厕的有2859万户，占12.4%；使用普通旱厕的有10639万户，占46.2%；无厕所的有469万户，占2.0%。表1-9为按照家庭卫生设施类型分类的住户构成。

表1-9 按照家庭卫生设施类型分类的住户构成（二）

项目	全国	东部地区	中部地区	西部地区	东北地区
水冲式卫生厕所	36.2%	54.2%	29.2%	29.7%	4.1%
水冲式非卫生厕所	3.1%	2.1%	4.1%	3.8%	0.2%
卫生旱厕	12.4%	11.7%	13.6%	12.0%	12.2%
普通旱厕	46.2%	30.8%	52.2%	50.1%	82.9%
无厕所	2.0%	1.2%	0.9%	4.3%	0.5%

由表1-9可以看出，水冲式卫生厕所的普及率还不是很高，普通旱厕占比接近一半，无厕所的家庭仍然存在。从整体来看，家庭卫生设施的发展建设水平还需进一步提升。相较于东部地区，东北地区的整体卫生设施水平偏弱。

（五）文化教育

普查数据显示，2016年末，全国96.5%的乡镇有幼儿园、托儿所，98.0%的乡镇有小学，96.8%的乡镇有图书馆、文化站，11.9%的乡镇有剧场、影剧院，16.6%的乡镇有体育场馆，70.6%的乡镇有公园及休闲健身广场；32.3%的村有幼儿园、托儿所，59.2%的村有体育健身场所，41.3%的村有农民业余文化组织。表1-10为乡镇、村文化教育设施构成。

表1-10 乡镇、村文化教育设施构成

项目	全国	东部地区	中部地区	西部地区	东北地区
有幼儿园、托儿所的乡镇	96.5%	98.7%	98.3%	94.0%	96.9%
有小学的乡镇	98.0%	98.7%	99.5%	97.3%	95.2%
有图书馆、文化站的乡镇	96.8%	96.2%	98.0%	96.6%	95.2%
有剧场、影剧院的乡镇	11.9%	18.5%	14.4%	7.9%	5.9%

表1-10（续）

项目	全国	东部地区	中部地区	西部地区	东北地区
有体育场馆的乡镇	16.6%	20.5%	19.4%	13.5%	12.1%
有公园及休闲健身广场的乡镇	70.6%	83.2%	73.9%	59.4%	84.0%
有幼儿园、托儿所的村	32.3%	29.6%	36.5%	33.0%	25.8%
有体育健身场所的村	59.2%	72.2%	55.5%	46.0%	62.8%
有农民业余文化组织的村	41.3%	44.4%	40.8%	36.7%	47.1%

由表1-10可以看出，乡镇的幼儿园、托儿所、小学的建设情况较为良好，涉及文化的剧场、影剧院、体育场馆等文化休闲场所较为落后；村一级的幼儿园、托儿所、健身场所及业余文化组织发展落后。

（六）医疗和社会福利机构

普查数据显示，2016年末，全国99.9%的乡镇有医疗卫生机构，98.4%的乡镇有执业（助理）医师，66.8%的乡镇有社会福利收养性单位，56.4%的乡镇有本级政府创办的敬老院；81.9%的村有卫生室，54.9%的村有执业（助理）医师。表1-11为乡镇、村医疗和社会福利机构构成。

表1-11 乡镇、村医疗和社会福利机构构成

项目	全国	东部地区	中部地区	西部地区	东北地区
有医疗卫生机构的乡镇	99.9%	99.9%	100.0%	99.8%	99.7%
有执业（助理）医师的乡镇	98.4%	99.6%	99.8%	96.7%	99.3%
有社会福利收养性单位的乡镇	66.8%	71.7%	87.7%	53.3%	57.0%
有本级政府创办的敬老院的乡镇	56.4%	61.9%	78.0%	43.3%	40.8%
有卫生室的村	81.9%	71.9%	89.3%	86.9%	86.2%
有执业（助理）医师的村	54.9%	49.4%	66.7%	49.9%	60.6%

五、农村公共服务高质量发展阶段（2021年至今）

2021年3月30日，针对农村公共服务的《国家基本公共服务标准（2021年版）》出台，为农村公共服务的纵深发展提供了政策保障。自此之后，农村公共服务覆盖率得到了极大提升。从整体建设情况来看，农村基础设施建设的水平得到了整体提升，尤其是水、电、路、气、房及网络供给方面，不论是数量还是质量都有了明显进步。从公共服务体系来看，在教育、医疗、养老、社会保障等方面都得到了不断的提升，人居环境质量也有了明显的改善。从农村公共

服务水平来看，整合了农村现有公共服务资源，以农民需求为立足点，强化"互联网+"在公共服务中的应用，进一步补短板、强弱项。从"软""硬"两方面入手，不仅提高了软件的有效应用，而且完善了硬件制度的制定，以确保农村公共服务效能、服务水平与人民群众的现实需要相匹配。

第二节 我国农村公共服务现阶段取得的主要成就

一、从中央一号文件政策变迁看农村公共服务

中共中央在1982年至1986年连续五年发布以农业、农村和农民为主题的中央一号文件，对农村改革和农业发展作出具体部署。2003年12月31日，《中共中央 国务院关于促进农民增加收入若干政策的意见》发布，中央一号文件再次关注农业。2004年12月31日，《中共中央 国务院关于进一步加强农村工作提高农业综合生产能力若干政策的意见》，即第七个中央一号文件发布。2005年12月31日，中共中央、国务院发布了以"建设社会主义新农村"为主题的第八个中央一号文件。截至2023年2月13日，中共中央、国务院先后25次出台了关于"三农"问题的中央一号文件。从中央一号文件的政策变迁可以看出，农村问题一直是中共中央重点关注的问题，也是改革开放以来越来越被重视的问题。

（1）1982年1月1日，中共中央发布《全国农村工作会议纪要》，即第一个关于"三农"问题的中央一号文件。

第一个中央一号文件对迅速展开的农村改革进行了总结。其中涉及的主要内容是肯定多种形式的责任制，特别是包干到户、包产到户。同时，将群众的选择作为衡量的主要标准，因地域、经济社会环境、生活水平不同，群众的选择也不尽相同，因此允许群众结合自身实际进行选择。另外，指出对价格体系开展分批次分阶段的改革，统购统销成为改革的重点内容，促使流通畅通。这份文件中并未提到农村公共服务，但对农村发展有着重要作用。

（2）1983年1月2日，中共中央发布《当前农村经济政策的若干问题》，即第二个中央一号文件。

第二个中央一号文件提出了"两个转化"，即促进农业从自给半自给经济朝较大规模的商品生产转化，从传统农业向现代农业转化。该文件提出，我国农村的发展道路应该以农林牧副渔为主要发展目标，以农工商综合经营为重要内容；当然，合作经济的发展应该是综合性和多样性的，要能够满足商品为适应

市场而生产的需要，从合作经济的生产资料公有化程度，以及按劳分配方式来看，根据发展需要，其合作的方式和内容不要求必须相同，可以求同存异；在计划经济的发展条件下，要充分考虑市场调节，积极促进合作和个体商业发展，及时调整政策方针。同时，不可否认的一点是，稳定是农业发展的重要任务，而完善农业生产责任制也是主要工作之一。

从该文件的内容来看，1983年，农村工作的主要任务集中在农业发展上，即从传统农业朝现代农业转化。

（3）1984年1月1日，中共中央发布《关于一九八四年农村工作的通知》，即第三个中央一号文件。

如果说前两个中央一号文件着力解决农业和农村工商业微观经营主体问题，那么此后的中央一号文件就要解决发育市场机制的问题。资金、土地、劳动力流动等问题一直制约着农村发展，农村想要进步，就必须打破多年形成的政府垄断和管制，同时打破农民难以进入市场的阻碍。针对这些来自农村最有针对性的问题，1984年确立的农村工作的重点就是在稳定和完善生产责任制的基础上，把生产力的提升作为主要内容，大力发展生产，把阻碍发展的渠道进一步打通。当年的中央一号文件，即《关于一九八四年农村工作的通知》提出，延长土地承包期，土地承包期一般应在15年以上……允许有偿转让土地使用权；鼓励农民向各种企业投资入股；继续减少统派购的品种和数量；允许务工、经商、办服务业的农民自理口粮到集镇落户。

（4）1985年1月1日，中共中央、国务院发布《关于进一步活跃农村经济的十项政策》，即第四个中央一号文件。

农产品统购派购制度曾发挥了保证供给、支持建设的积极作用，但随着生产的发展，它的弊端日益表现出来。因此，"大锅饭"这种发展形势所产生的制约性严重阻碍了农村经济的活跃程度，所产生的诸多问题引发了人们进一步的深思，就是如何在国家大政方针的指导下，对农村经济进行改革，使其恢复经济活力，并使农村具备"造血"功能。

1985年的中央一号文件明确提出，"从今年起，除个别品种外，国家不再向农民下达农产品统购派购任务，按照不同情况，分别实行合同定购和市场收购"。至此，已经在我国农村发展史上开展了为期30年的农副产品统购统销制度彻底消失在农村发展的舞台上。

（5）1986年1月1日，《中共中央 国务院关于一九八六年农村工作的部署》（即第五个中央一号文件）发布。

该文件对农村改革的方针政策给予了充分肯定，并且明确表示必须继续贯彻执行。这个文件的核心词是"增加农业投入，调整工农城乡关系"。在联产承包责任制在农村实施一段时期后，国家又大刀阔斧地进行下一轮改革，也就是针对农产品统购派购相关制度的改革，尤其是在农业产业结构的调整上下功夫。虽然改革的成绩是突出的，但在改革过程中忽视了工农、城乡的利益分配关系，从而导致农业生产中出现了一系列冲突和矛盾。针对这些改革所衍生出的冲突和矛盾，1985年底国家关于农村工作的部署中，强调"摆正农业在国民经济中的地位"，由此形成了1986年的中央一号文件，即《中共中央 国务院关于一九八六年农村工作的部署》。

该文件郑重地强调了农业的重要地位，"我国是十亿人口、八亿农民的大国，绝不能由于农业情况有了好转就放松农业，也不能因为农业基础建设周期长、见效慢而忽视对农业的投资，更不能因为农业占国民经济产值的比重逐步下降而否定农业的基础地位"。

（6）2003年12月31日，《中共中央 国务院关于促进农民增加收入若干政策的意见》（即第六个中央一号文件）发布。

2003年12月31日，《中共中央 国务院关于促进农民增加收入若干政策的意见》出台，这是时隔18年后中央就"三农"问题再次下发一号文件。

2003年，农业农村面临农民收入低、增收难的难题，这就导致了18年后中央一号文件再次将农业农村问题作为重要内容，其核心词是"促进农民增加收入"。

该文件提出了一系列方针政策，重点提出"坚持'多予、少取、放活'的方针，调整农业结构，扩大农民就业，加快科技进步，深化农村改革，增加农业投入，强化对农业支持保护，力争实现农民收入较快增长，尽快扭转城乡居民收入差距不断扩大的趋势"。该文件共提出二十二条具体措施，不仅针对优化农业结构提出了明确措施，而且对于农民收入的提升和促进就业起到了至关重要的作用。

（7）2004年12月31日，《中共中央 国务院关于进一步加强农村工作提高农业综合生产能力若干政策的意见》（即第七个中央一号文件）发布。

至2004年底，从农村的整体发展来看，虽然成绩是显著的，但是依然可以看到，资金投入不足、基础设施薄弱等一系列问题并没有消失，暴露出体制机制的缺失。可见，农村的发展仍然是任重而道远的。

针对农业基础薄弱问题，必须努力发展农村经济，急需政府出台相关政策措施。于是,在2004年12月31日,《中共中央 国务院关于进一步加强农村工作提高农业综合生产能力若干政策的意见》应时发布。从该文件的内容可以看出,农村基础设施建设成为农村建设的首要任务,而农业的科技发展引起了足够的重视,农业综合生产力的提升仍然是未来一段时间的重点工作,国家致力于改善农业基础、提升农村经济生产力工作。同时,该文件中特别强调了对耕地进行保护以提高土地的出产率,加强农田水利建设提升农产品产量,加快农业科技创新,加强农村基础设施建设。通过上述手段,对农业的物质条件进行改善,最终达到提升农业综合竞争力的目的。

该文件下发后的反应是积极良好的,农民的积极性被极大地调动了起来,农村综合发展呈现良好势头。

(8) 2005年12月31日,《中共中央 国务院关于推进社会主义新农村建设的若干意见》(即第八个中央一号文件)发布。

2005年10月11日,党的十六届五中全会通过了《中共中央关于制定国民经济和社会发展第十一个五年规划的建议》,其中提出了建设社会主义新农村的重大历史任务。

2005年12月31日,《中共中央 国务院关于推进社会主义新农村建设的若干意见》发布。从该文件的内容可以看出,在我国现代化进程中,社会主义新农村成为农村发展的总目标。从我国的人口比例可以看出,农业人口在我国总人口中所占比例很高,所以唯有农村发展好,才能实现国家综合能力的全面提升。因此,该文件提出的方针是"多予少取放活",重点在"多予"上下功夫,也就是说,国家将通过多给予来支持农村发展,尤其是政策支持、资金投入等手段的使用。该文件重点强调农村经济发展是农村发展的关键,要解放和发展农村生产力,以政策方针作为引导,鼓励和动员广大农民群众参与社会主义新农村建设。

(9) 2006年12月31日,《中共中央 国务院关于积极发展现代农业扎实推进社会主义新农村建设的若干意见》(即第九个中央一号文件)发布。

该文件的核心内容是"积极发展现代农业"。从其内容可以看出,现代农业已成为农村发展的重要内容。

随着改革和发展进程的不断加快,农村建设取得了阶段性成果,但是也存在很多问题。而发展现代农业这一观点的提出,对于农村发展起到了积极作用。尤其是该文件中所强调的,通过现代物质条件、现代科学技术、现代产业体系、现代经营方式和现代发展理念来促进现代农业发展,要培育和打造新型农民,同时要将科技化、信息化、技术化手段引入农业发展,以提升农业生产率、优化资源配置、提升农民劳动综合水平,最终达到提升现代农业质量和效益的目的。

该文件将农村教育问题作为重点工作,尤其是针对义务教育阶段的农村学生重点开展补助行动,要免除学杂费,对家庭经济困难的学生还要给予免费教科书并补助寄宿生生活费。

(10) 2007年12月31日,《中共中央 国务院关于切实加强农业基础建设进一步促进农业发展农民增收的若干意见》(即第十个中央一号文件)发布。

该文件主要内容包括:加快构建强化农业基础的长效机制;切实保障主要农产品基本供给;突出抓好农业基础设施建设;着力强化农业科技和服务体系基本支撑;逐步提高农村基本公共服务水平;稳定完善农村基本经营制度和深化农村改革;扎实推进农村基层组织建设;加强和改善党对"三农"工作的领导。

其中第五部分"逐步提高农村基本公共服务水平"中,对农村基本公共服务从八个方面提出了明确要求。一是提高农村义务教育水平。尤其是对义务教育阶段学生的扶持力度不断加大。二是增强农村基本医疗服务能力。通过提高国家补助标准、完善补偿机制等手段,扩大农民受益面。三是稳定农村低生育水平。四是繁荣农村公共文化。不断加强农村精神文明建设,将体育健身活动纳入农村发展,引导和鼓励社会力量投入农村文化建设。五是建立健全农村社会保障体系。完善农村最低生活保障制度,落实农村五保供养政策,将农村社会保障体系建设作为工作重点。六是不断提高扶贫开发水平。通过扶贫方针政策和扶贫力度,不断提高扶贫开发水平。七是大力发展农村公共交通。继续加强农村公路建设,改善农村公共交通服务,不断优化农村公共交通体系。八是继续改善农村人居环境。通过饮水水源保护、电气化建设、电网改造、沼气服务体系建设等重点项目,改善农村人居环境。

从该文件的内容可以看出,党中央已经将农村基本公共服务的发展建设列入国家农村发展建设的重点内容,并且给予了详细而具体的规划。这给此后农村公共服务体系的建设与完善提供了强而有力的政策保障。

(11) 2008年12月31日,《中共中央 国务院关于2009年促进农业稳定发展农民持续增收的若干意见》(即第十一个中央一号文件)发布。

该文件主要内容包括:加大对农业的支持保护力度;稳定发展农业生产;强化现代农业物质支撑和服务体系;稳定完善农村基本经营制度;推进城乡经

济社会发展一体化。其中在第五部分"推进城乡经济社会发展一体化"中，分段涉及农村公共服务发展的相关内容。虽然该文件并没有把农村基本公共服务独立成章论述，但从内容上看，涵盖了教育、基础设施建设、就业和最低生活保障等。

在第22条"加快农村社会事业发展"中，针对农村公共文化服务体系、农村义务教育、医疗保障和社会养老保险制度方面提出了明确要求，指出要尽快形成完备的农村公共文化服务体系，巩固农村义务教育普及成果，巩固发展新型农村合作医疗，加强县、乡、村医疗卫生公共服务体系建设，建立新型农村社会养老保险制度（其中涵盖的内容包括个人缴费、集体补助、政府补贴），以及加大中央和省级财政对农村最低生活保障补助力度，提高农村低保标准和补助水平。可以看出，"巩固"这个词出现的频率非常高。

在第23条"加快农村基础设施建设"中指出，针对饮水安全问题，将建设范围扩大到农村学校、国有农（林）场；在电网供电方面，提出要扩大电网供电人口覆盖率；在水电建设方面，提出扩大小水电代燃料建设规模；在危房改造方面，提出扩大农村危房改造试点。可以看出，"扩大"这个词出现的频率非常高。

在第24条"积极扩大农村劳动力就业"中指出，专门针对农民工就业困难和工资下降等问题采取有力措施，同时针对农民工养老问题，抓紧制定适合农民工特点的养老保险办法。可以看出，针对农村劳动力就业问题，该文件围绕热点问题提出了重点任务。

在第28条"完善国家扶贫战略和政策体系"中，涉及农村基本公共服务的内容主要是以扶贫为背景解决农村最低生活保障和就业问题。

从该文件可以看出，在巩固成果的基础上扩大范围，是农村基本公共服务领域的主要内容和工作重心。

（12）2009年12月31日，《中共中央 国务院关于加大统筹城乡发展力度进一步夯实农业农村发展基础的若干意见》（即第十二个中央一号文件）发布。

从该文件内容可以看出，强农惠农政策体系的构建、资源要素向农村的倾斜、现代农业发展、农村民生事业发展成为工作重点。农村公共服务成为文件的重点内容，其中在第三部分"加快改善农村民生，缩小城乡公共事业发展差距"中，围绕农民就业、教育卫生文化事业、社会保障、水电路气房（基础设施）建设方面提出了明确要求。

在第13条"努力促进农民就业创业"中指出，城乡一体化建设进程中的首要点就是公共就业服务体系的构建,着重强调通过整合培训资源,积极开展农民务工人员的技能培训。将完善促进创业带动就业的政策措施作为扶持的重点工作,加大农民外出务工就业指导和服务力度,切实维护农民工合法权益,促进农村劳动力平稳有序转移。新增工伤保险全覆盖、将与企业建立稳定劳动关系的农民工纳入城镇职工基本医疗保险、落实包括农民工在内的城镇企业职工基本养老保险转移接续办法等涉及农民工社会保障制度的内容。

在第14条"提高农村教育卫生文化事业发展水平"中指出,巩固和完善农村义务教育经费保障机制,落实好教师培训和绩效工资制度;继续实施中小学校舍安全工程;逐步改善贫困地区农村学生营养状况;大力发展中等职业教育,继续推进农村中等职业教育免费进程;完善农村三级医疗卫生服务网络,落实乡镇卫生院人员绩效工资和乡村医生公共卫生服务补助政策,逐步实施免费为农村定向培养全科医生和招聘执业医师计划;搞好农村地区妇幼卫生工作和疾病防治,加强农村食品和药品监管。

在第15条"提高农村社会保障水平"中指出,做好新型农村合作医疗、农村医疗救助、城镇居民基本医疗保险、城镇职工基本医疗保险的政策衔接;着力做好新型农村社会养老保险相关试点工作;搞好农村养老院建设,发展农村养老服务,解决农村老龄化问题。

第16条"加强农村水电路气房建设"中主要涉及农村基础设施建设内容,其中包括新农村建设布局、饮用水安全工程、电网改造升级、农村公路建设等,指出要实行以奖促治政策,稳步推进农村环境综合整治,开展农村排水、河道疏浚等试点,搞好垃圾、污水处理,改善农村人居环境。另外,推进农村信息化,积极支持农村电信和互联网基础设施建设,健全农村综合信息服务体系,也成为下一步重点任务。

从该文件可以看出,新农村发展建设成为重点任务,具体涉及新型农村合作医疗、新农村基础设施建设、农村信息化等方面内容。

(13) 2010年12月31日,《中共中央 国务院关于加快水利改革发展的决定》(即第十三个中央一号文件)发布。

从该文件的核心关键词可以看出,水利改革发展是关键所在。洪涝灾害频繁、水资源供需矛盾突出成为我国可持续发展的瓶颈,农田水利建设滞后是影响农业稳定发展和国家粮食安全的最大硬伤,我国水利面临的形势更趋严峻。因此,该文件重点围绕水利改革发展作出相关规定。农村基本公共服务并不是该文件的重点内容。

但从内容上来看,在第三部分"突出加强农田水利等薄弱环节建设"中,第(十)条提出了继续推进农村饮水安全建设的要求:到2013年解决规划内农村饮水安全问题,尤其是针对涉及饮水安全问题的供水工程建设和管道维护工作,把集中供水管网进行延伸,全力发展城乡一体化供水,同时要加强农村饮水安全工程运行管理,通过政策保障农村饮水安全工程。

(14)2011年12月31日,《中共中央 国务院关于加快推进农业科技创新持续增强农产品供给保障能力的若干意见》(即第十四个中央一号文件)发布。

该文件共分六部分内容,包括:加大投入强度和工作力度,持续推动农业稳定发展;依靠科技创新驱动,引领支撑现代农业建设;提升农业技术推广能力,大力发展农业社会化服务;加强教育科技培训,全面造就新型农业农村人才队伍;改善设施装备条件,不断夯实农业发展物质基础;提高市场流通效率,切实保障农产品稳定均衡供给。

该文件围绕农业科技创新的中心任务作出相关规定。农村基本公共服务并不是其重点内容。但在"加强教育科技培训,全面造就新型农业农村人才队伍"部分强调了教育和培训,指出要振兴发展农业教育,加快培养农业科技人才,大力培训农村实用人才。

(15)2012年12月31日,《中共中央 国务院关于加快发展现代农业进一步增强农村发展活力的若干意见》(即第十五个中央一号文件)发布。

在该份文件中,"公共服务"一词共出现了8次。其中内容分别如下。

在第四部分"构建农业社会化服务新机制,大力培育发展多元服务主体"中,提出了"要坚持主体多元化、服务专业化、运行市场化的方向,充分发挥公共服务机构作用,加快构建公益性服务与经营性服务相结合、专项服务与综合服务相协调的新型农业社会化服务体系"的要求,强调了公共服务机构的作用。在"强化农业公益性服务体系"中,提出了"不断提升乡镇或区域性农业技术推广、动植物疫病防控、农产品质量监管等公共服务机构的服务能力""加强乡镇或小流域水利、基层林业公共服务机构和抗旱服务组织、防汛机动抢险队伍建设"的要求,主要强调了专业领域的服务机构的公共服务能力。

在第六部分"改进农村公共服务机制,积极推进城乡公共资源均衡配置"中提出,要大力推动社会事业发展和基础设施建设向农业倾斜,努力缩小城乡差距,加快实现城乡基本公共服务均等化。

在第七部分"完善乡村治理机制,切实加强以党组织为核心的农村基层组织建设"中提出"强化村干部'一定三有'政策,健全村级组织运转和基本公共服务经费保障机制，提升推动农村发展、服务农民群众能力"的要求。这部分内容对于公共服务的要求具体到基本公共服务的经费上。在"维护农民群众合法权益"中，提出"巩固乡镇机构改革成果，加强社会管理和公共服务职能，推动乡镇干部直接联系服务群众"的要求，主要强调乡镇机构的公共服务职能。

(16) 2014年1月19日，《关于全面深化农村改革加快推进农业现代化的若干意见》（即第十六个中央一号文件）发布。

该文件主要内容包括：完善国家粮食安全保障体系；强化农业支持保护制度；建立农业可持续发展长效机制；深化农村土地制度改革；构建新型农业经营体系；加快农村金融制度创新；健全城乡发展一体化体制机制；改善乡村治理机制。

在第七部分"健全城乡发展一体化体制机制"中，围绕农村基本公共服务提出了任务要求，其中包括开展人居环境整治、推进城乡基本公共服务均等化、加快推动农业转移人口市民化。

在"开展村庄人居环境整治"中提出了关于改善村庄人居环境的任务要求，涉及道路、供排水等公共设施建设，农村公路建设，沼气发展，村落历史文化保护等；提出要推进城镇供水管网向农村延伸，加快农村互联网基础设施建设，推进信息进村入户。

在"推进城乡基本公共服务均等化"中提出，加快改善农村义务教育薄弱学校基本办学条件，大力支持发展农村学前教育，加强农村职业教育和技能培训，支持和规范农民办教育；有效整合各类农村文化惠民项目和资源，推动县乡公共文化体育设施和服务标准化建设；深化农村基层医疗卫生机构综合改革，实施中西部全科医生特岗计划；继续提高新型农村合作医疗的筹资标准和保障水平，完善重大疾病保险和救助制度，推动基本医疗保险制度城乡统筹；开展农村公共服务标准化试点工作；提高扶贫精准度，抓紧落实扶贫开发重点工作。

(17) 2015年2月1日，《关于加大改革创新力度加快农业现代化建设的若干意见》（即第十七个中央一号文件）发布。

该文件共涉及五大方面：围绕建设现代农业，加快转变农业发展方式；围绕促进农民增收，加大惠农政策力度；围绕城乡发展一体化，深入推进新农村建设；围绕增添农村发展活力，全面深化农村改革；围绕做好"三农"工作，加强农村法治建设。

在第三部分"围绕城乡发展一体化,深入推进新农村建设",侧重农村基本公共服务建设,指出要"加快提升农村基础设施水平,推进城乡基本公共服务均等化,让农村成为农民安居乐业的美丽家园"。

"加大农村基础设施建设力度"主要侧重从农村饮水安全工程任务完成、农村电网改造升级工程、农村公路建设、农村沼气建管机制、农村危房改造力度,以及农村广播电视、通信等农村信息基础设施建设角度强调工作任务。

"提升农村公共服务水平"主要侧重从农村义务教育薄弱学校基本办学条件和教学质量、普惠性民办幼儿园建设、高中阶段教育、中等职业教育和职业技能培训全覆盖、农业职业教育、基础教育数字教育资源开发与应用、乡村教师队伍建设等角度强调目标任务,同时提出相关经费、补助政策的倾斜力度。此外,全面开展城乡居民大病保险,拓展重大文化惠民项目服务"三农",加强农村最低生活保障制度,建立临时救助制度,落实统一的城乡居民基本养老保险制度,建设多种农村养老服务和文化体育设施,也是重点强调的内容。

"全面推进农村人居环境整治"主要侧重做好三个方面工作:一是通过整体规划,完善县域村镇建设,其中提到了山水林田路综合治理;二是持续推进农村环境集中连片整治工作,其中提到了农村河塘综合整治和农村垃圾专项整治,指出要加快改善村庄卫生状况;三是农村周边工业"三废"排放和城市生活垃圾堆放监管治理。

(18)2015年12月31日,《中共中央 国务院关于落实发展新理念加快农业现代化实现全面小康目标的若干意见》(即第十八个中央一号文件)发布。

该文件主要内容包括:持续夯实现代农业基础,提高农业质量效益和竞争力;加强资源保护和生态修复,推动农业绿色发展;推进农村产业融合,促进农民收入持续较快增长;推动城乡协调发展,提高新农村建设水平;深入推进农村改革,增强农村发展内生动力;加强和改善党对"三农"工作指导。

在第18条"提高农村公共服务水平"中,对农村公共服务作了部署:把社会事业发展的重点放在农村和接纳农业转移人口较多的城镇,加快推动城镇公共服务向农村延伸;加快发展农村学前教育,坚持公办民办并举,扩大农村普惠性学前教育资源;建立城乡统一、重在农村的义务教育经费保障机制;全面改善贫困地区义务教育薄弱学校基本办学条件,改善农村学校寄宿条件,办好乡村小规模学校,推进学校标准化建设;加快普及高中阶段教育,逐步分类推进中等职业教育免除学杂费,率先从建档立卡的家庭经济困难学生实施普通高中免除学杂费,实现家庭经济困难学生资助全覆盖;深入实施农村贫困地区定向招生等专项计划,对民族自治县实现全覆盖;加强乡村教师队伍建设,拓展教师补充渠道,推动城镇优秀教师向乡村学校流动;全面实施城乡居民大病保险制度,健全城乡医疗救助制度;建立健全农村困境儿童福利保障和未成年人社会保护制度;全面加强农村公共文化服务体系建设,继续实施文化惠民项目。

该文件注重在完善制度的基础上确保农村公共服务的有效推进和进一步完善。

(19) 2016年12月31日,《中共中央 国务院关于深入推进农业供给侧结构性改革 加快培育农业农村发展新动能的若干意见》(即第十九个中央一号文件)发布。

该文件主要内容包括:优化产品产业结构,着力推进农业提质增效;推行绿色生产方式,增强农业可持续发展能力;壮大新产业新业态,拓展农业产业链价值链;强化科技创新驱动,引领现代农业加快发展;补齐农业农村短板,夯实农村共享发展基础;加大农村改革力度,激活农业农村内生发展动力。可见,农村基本公共服务并不是该文件的重点内容。

(20) 2018年1月2日,《中共中央 国务院关于实施乡村振兴战略的意见》(即第二十个中央一号文件)发布。

该文件主要内容包括:新时代实施乡村振兴战略的重大意义;实施乡村振兴战略的总体要求;提升农业发展质量,培育乡村发展新动能;推进乡村绿色发展,打造人与自然和谐共生发展新格局;繁荣兴盛农村文化,焕发乡风文明新气象;加强农村基层基础工作,构建乡村治理新体系;提高农村民生保障水平,塑造美丽乡村新风貌;打好精准脱贫攻坚战,增强贫困群众获得感;推进体制机制创新,强化乡村振兴制度性供给;汇聚全社会力量,强化乡村振兴人才支撑;开拓投融资渠道,强化乡村振兴投入保障;坚持和完善党对"三农"工作的领导。

其中,"提高农村民生保障水平,塑造美丽乡村新风貌"部分对优先发展农村教育事业、促进劳动力转移就业和农民增收、推动农村基础设施提挡升级、加强农村社会保障体系建设、推进健康乡村建设、持续改善农村人居环境提出明确要求。

第一,优先发展农村教育事业。高度重视发展农村义务教育,推动建立以城带乡、整体推进、城乡一体、均衡发展的义务教育发展机制。全面改善薄弱学校基本办学条件,加强寄宿制学校建设。实施农村义务教育学生营养改善计划。发展农村学前教育。推进农村普及高中阶段教育,支持教育基础薄弱县普

通高中建设，加强职业教育，逐步分类推进中等职业教育免除学杂费。健全学生资助制度，使绝大多数农村新增劳动力接受高中阶段教育、更多接受高等教育。把农村需要的人群纳入特殊教育体系。以市县为单位，推动优质学校辐射农村薄弱学校常态化。统筹配置城乡师资，并向乡村倾斜，建好建强乡村教师队伍。

第二，促进农村劳动力转移就业和农民增收。健全覆盖城乡的公共就业服务体系，大规模开展职业技能培训，促进农民工多渠道转移就业，提高就业质量。深化户籍制度改革，促进有条件、有意愿、在城镇有稳定就业和住所的农业转移人口在城镇有序落户，依法平等享受城镇公共服务。加强扶持引导服务，实施乡村就业创业促进行动，大力发展文化、科技、旅游、生态等乡村特色产业，振兴传统工艺。培育一批家庭工场、手工作坊、乡村车间，鼓励在乡村地区兴办环境友好型企业，实现乡村经济多元化，提供更多就业岗位。拓宽农民增收渠道，鼓励农民勤劳守法致富，增加农村低收入者收入，扩大农村中等收入群体，保持农村居民收入增速快于城镇居民。

第三，推动农村基础设施提挡升级。继续把基础设施建设重点放在农村，加快农村公路、供水、供气、环保、电网、物流、信息、广播电视等基础设施建设，推动城乡基础设施互联互通。以示范县为载体全面推进"四好农村路"建设，加快实施通村组硬化路建设。加大成品油消费税转移支付资金用于农村公路养护力度。推进节水供水重大水利工程，实施农村饮水安全巩固提升工程。加快新一轮农村电网改造升级，制定农村通动力电规划，推进农村可再生能源开发利用。实施数字乡村战略，做好整体规划设计，加快农村地区宽带网络和第四代移动通信网络覆盖步伐，开发适应"三农"特点的信息技术、产品、应用和服务，推动远程医疗、远程教育等应用普及，弥合城乡数字鸿沟。提升气象为农服务能力。加强农村防灾减灾救灾能力建设。抓紧研究提出深化农村公共基础设施管护体制改革指导意见。

第四，加强农村社会保障体系建设。完善统一的城乡居民基本医疗保险制度和大病保险制度，做好农民重特大疾病救助工作。巩固城乡居民医保全国异地就医联网直接结算。完善城乡居民基本养老保险制度，建立城乡居民基本养老保险待遇确定和基础养老金标准正常调整机制。统筹城乡社会救助体系，完善最低生活保障制度，做好农村社会救助兜底工作。将进城落户农业转移人口全部纳入城镇住房保障体系。构建多层次农村养老保障体系，创新多元化照料服务模式。健全农村留守儿童和妇女、老年人以及困境儿童关爱服务体系。加强和改善农村残疾人服务。

第五，推进健康乡村建设。强化农村公共卫生服务，加强慢性病综合防控，大力推进农村地区精神卫生、职业病和重大传染病防治。完善基本公共卫生服务项目补助政策，加强基层医疗卫生服务体系建设，支持乡镇卫生院和村卫生室改善条件。加强乡村中医药服务。开展和规范家庭医生签约服务，加强妇幼、老人、残疾人等重点人群健康服务。倡导优生优育。深入开展乡村爱国卫生运动。

第六，持续改善农村人居环境。实施农村人居环境整治三年行动计划，以农村垃圾、污水治理和村容村貌提升为主攻方向，整合各种资源，强化各种举措，稳步有序推进农村人居环境突出问题治理。坚持不懈推进农村"厕所革命"，大力开展农村户用卫生厕所建设和改造，同步实施粪污治理，加快实现农村无害化卫生厕所全覆盖，努力补齐影响农民群众生活品质的短板。总结推广适用不同地区的农村污水治理模式，加强技术支撑和指导。深入推进农村环境综合整治。推进北方地区农村散煤替代，有条件的地方有序推进煤改气、煤改电和新能源利用。逐步建立农村低收入群体安全住房保障机制。强化新建农房规划管控，加强"空心村"服务管理和改造。保护保留乡村风貌，开展田园建筑示范，培养乡村传统建筑名匠。实施乡村绿化行动，全面保护古树名木。持续推进宜居宜业的美丽乡村建设。

从该文件的内容可以看出，农村公共服务已经成为农村建设的工作重点，并且对相关内容进行了细化和要求。

（21）2019年1月3日，《中共中央 国务院关于坚持农业农村优先发展做好"三农"工作的若干意见》（即第二十一个中央一号文件）发布。

从该文件的政策导向可以看出，国家将发展农村的重点放到了提升农村公共服务水平上。其中，第三部分"扎实推进乡村建设，加快补齐农村人居环境和公共服务短板"对提升农村公共服务水平作了相关部署，简要概括如下。

第一，从农村人居环境整治入手，开展农村人居环境整治三年行动。全面推开以农村垃圾污水治理、厕所革命和村容村貌提升为重点的农村人居环境整治，促进村庄环境基本干净整洁有序，使村民的环境与健康意识普遍增强。同时，对于社会力量加入农村建设给予积极的鼓励和支持。农村的特殊性造就了农村的人居环境整治是与农村旅游发展紧密结合的，因此在发展旅游的基础上，要开展好清洁整治工作。农村人居环境整治工作要同农村经济发展水平相适应、同当地文化和风土人情相协调，注重实效，防止做表面文章。

第二，提出对村庄基础设施建设工程的要求。这里重点将"饮水""农村路""村内道路""物流设施""危房改造"作为工作重点。围绕"饮水",提出重点做好农村饮水安全巩固提升工程,加强农村饮用水水源地保护,加快解决农村"吃水难"和饮水不安全问题。围绕"农村路",提出全面推进"四好农村路"建设,加大"路长制"和示范县实施力度,实现具备条件的建制村全部通硬化路,有条件的地区向自然村延伸。围绕"村内道路",提出加强村内道路建设的要求。乡村物流发展是带动乡村产业发展和乡村建设的关键,因此乡村物流的基础设施建设工作显得十分重要,其中包括涉及农产品的保险、包装和配送等工作。此外,互联网宽带也是智慧乡村建设的重要内容,应在网速的提升及降低费用上做工作。当然,乡村的危房仍然是乡村基础设施的大难题,要继续推进农村危房改造工作。

第三,关于提升农村公共服务水平,重点聚焦提升农村教育、医疗卫生、社会保障、养老、文化体育等公共服务水平,加快推进城乡基本公共服务均等化。在教育方面,农村学生的营养问题一直被关注,学龄前教育及高中教育的普及工作一直是重要任务。在医疗卫生方面,要"加快标准化村卫生室建设,实施全科医生特岗计划。建立健全统一的城乡居民基本医疗保险制度,同步整合城乡居民大病保险。完善城乡居民基本养老保险待遇确定和基础养老金正常调整机制"。在社会保障方面,要"统筹城乡社会救助体系,完善最低生活保障制度、优抚安置制度。加快推进农村基层综合性文化服务中心建设。完善农村留守儿童和妇女、老年人关爱服务体系,支持多层次农村养老事业发展,加强和改善农村残疾人服务"。在经费保障方面,要"推动建立城乡统筹的基本公共服务经费投入机制,完善农村基本公共服务标准"。

第四,针对农村污染问题,提出了加强农村污染治理和生态环境保护的要求。统筹推进山水林田湖草系统治理,推动农业农村绿色发展。加大农业面源污染治理力度,开展农业节肥节药行动,实现化肥农药使用量负增长。发展生态循环农业,推进畜禽粪污、秸秆、农膜等农业废弃物资源化利用,实现畜牧养殖大县粪污资源化利用整县治理全覆盖,下大力气治理白色污染。扩大轮作休耕制度试点。创建农业绿色发展先行区。实施乡村绿化美化行动,建设一批森林乡村,保护古树名木,开展湿地生态效益补偿和退耕还湿。全面保护天然林。加强"三北"地区退化防护林修复。扩大退耕还林还草,稳步实施退牧还草。实施新一轮草原生态保护补助奖励政策。落实河长制、湖长制,推进农村水环境治理,严格乡村河湖水域岸线等水生态空间管理。

该文件中关于农村公共服务的内容更有针对性和聚焦性,重点围绕农村现有突出问题进行攻关,力求在做好基础工作的基础上,进一步完善农村基础设施、减少环境污染。

(22) 2020年1月2日,《中共中央 国务院关于抓好"三农"领域重点工作确保如期实现全面小康的意见》(即第二十二个中央一号文件)发布。

该文件的第二大项就是"对标全面建成小康社会加快补上农村基础设施和公共服务短板",主要从以下八个方面进行阐述。

第一,从农村公共基础设施建设方面入手,主要做好以下三个方面工作。一是在"四好农村路"上下功夫,针对较大人口规模自然村及完成具备条件的建制村通硬化路和通客车做好工作。二是在农村公路条例立法上下功夫,通过立法保障农村道路交通安全。三是在"三区三州"和抵边村寨电网升级改造及农村的光纤网络和移动通信网络建设上下功夫。

第二,从农村供水方面入手,主要做好以下两个方面工作。一是要从全局考虑,合理布局饮水设施,尤其是在人口相对集中的地区推进规模化供水工程建设。二是推进城乡供水一体化发展,将城市管网向农村延伸,通过政府财政支持,补助中西部地区、原中央苏区农村饮水安全工程维修养护。加强农村饮用水源保护,做好水质检测。

第三,从农村人居环境整治方面入手,主要做好以下两方面工作。一是以农村厕所革命为抓手,对厕所进行改造,主要以东部地区、中西部城市近郊区等有基础有条件的地区为改造对象。此外,各地要结合实际开展技术改造,使用因地制宜的改厕模式。二是农村生活垃圾的整治。农村生活垃圾直接影响农村生活环境,因此要从源头抓起,有序开展生活垃圾、污水整治和治理工作,尤其是农村黑臭水体。

第四,从农村教育方面入手,主要做好以下三个方面工作。一是针对乡镇寄宿制学校开展工作,以改善办学条件、提升教学质量、加强乡村教师队伍建设为主要内容。在乡村教师队伍建设方面,推行义务教育阶段教师"县管校聘",安排县城学校教师到乡村支教。二是针对教师薪资待遇问题,落实中小学教师平均工资收入水平不低于或高于当地公务员平均工资收入水平政策,同时在教师职称评聘方面向乡村学校教师有所倾斜,当地政府住房保障体系也要将乡村学校教师纳入其中。三是针对控辍保学问题做好各项工作,尤其是农民工子女的上学问题、学前教育问题、特殊教育问题及职业教育问题,有效提升农村教育质量和教育水平。

第五,从农村基层医疗卫生方面入手,主要做好以下三个方面工作。一是针对县级医院、乡镇卫生院、村卫生室的建设，指出要提高基层医疗卫生系统的基础设施建设。二是针对医疗卫生共同体建设方面，不仅要加强乡村的医生队伍建设，利用好资源聘用村医，同时要努力吸引本科及以上学历医学毕业生参与偏远地区的乡村医疗卫生事业发展。三是基层疾病预防控制队伍建设，尤其是在重大疾病和传染病方面要做好监管控制工作。

第六，从农村社会保障方面入手，主要做好以下三个方面工作。一是对缴费标准的调整。提高城乡居民基本医保、大病保险、医疗救助经办服务水平，适当提高城乡居民基本医疗保险财政补助和个人缴费标准。二是通过服务方式的完善提升服务质量。通过"一站式服务、一窗口办理、一单制结算"实现便民化。三是针对农村留守儿童和妇女、老人开展的关爱服务，要精准定位，以多样化的照拂方式满足其生活所需。

第七，从乡村公共文化方面入手，主要做好以下三个方面工作。一是将基本公共文化服务向乡村延伸，扩大乡村文化惠民工程覆盖面。尤其是吸引城市的文艺团体和工作者以送文化下乡的形式到农村开展文化服务。二是实施乡村文化人才培养工程，扶持农村非遗传承人、民间艺人收徒传艺，发展优秀戏曲曲艺、少数民族文化、民间文化。三是对文化建筑和遗产的保护。主要是做好民族村寨、传统建筑、历史文化名镇（村）、传统村落、农业文化遗产、古树名木等的保护。

第八，从农村生态环境方面入手，主要做好以下四个方面工作。一是针对畜禽粪污的处理，充分做好资源化利用，对于大规模养殖场的粪污，要建设治理设施。二是针对农药化肥方面，做好减量工作，同时对农膜污染进行及时有效的治理，也要推进秸秆综合利用。三是在长江流域重点水域实行常年禁捕，做好渔民退捕工作。四是推广黑土地保护有效治理模式，对农用土壤的污染情况进行有效修复和管理，同时对地下水超采问题开展有针对性的治理。

（23）2021年1月4日，《中共中央 国务院关于全面推进乡村振兴加快农业农村现代化的意见》（即第二十三个中央一号文件）发布。

该文件共分"总体要求""实现巩固拓展脱贫攻坚成果同乡村振兴有效衔接""加快推进农业现代化""大力实施乡村建设行动""加强党对'三农'工作的全面领导"五部分，共二十六条。

第（十七）条明确指出，要提升农村基本公共服务水平。建立城乡公共资源均衡配置机制，强化农村基本公共服务供给县乡村统筹，逐步实现标准统一、制度并轨。提高农村教育质量，多渠道增加农村普惠性学前教育资源供给，继续改善乡镇寄宿制学校办学条件，保留并办好必要的乡村小规模学校，在县城和中心镇新建改扩建一批高中和中等职业学校。完善农村特殊教育保障机制。推进县域内义务教育学校校长教师交流轮岗，支持建设城乡学校共同体。面向农民就业创业需求，发展职业技术教育与技能培训，建设一批产教融合基地。开展耕读教育。加快发展面向乡村的网络教育。加大涉农高校、涉农职业院校、涉农学科专业建设力度。全面推进健康乡村建设，提升村卫生室标准化建设和健康管理水平，推动乡村医生向执业（助理）医师转变，采取派驻、巡诊等方式提高基层卫生服务水平。提升乡镇卫生院医疗服务能力，选建一批中心卫生院。加强县级医院建设，持续提升县级疾控机构应对重大疫情及突发公共卫生事件能力。加强县域紧密型医共体建设，实行医保总额预算管理。加强妇幼、老年人、残疾人等重点人群健康服务。健全统筹城乡的就业政策和服务体系，推动公共就业服务机构向乡村延伸。深入实施新生代农民工职业技能提升计划。完善统一的城乡居民基本医疗保险制度，合理提高政府补助标准和个人缴费标准，健全重大疾病医疗保险和救助制度。落实城乡居民基本养老保险待遇确定和正常调整机制。推进城乡低保制度统筹发展，逐步提高特困人员供养服务质量。加强对农村留守儿童和妇女、老年人以及困境儿童的关爱服务。健全县乡村衔接的三级养老服务网络，推动村级幸福院、日间照料中心等养老服务设施建设，发展农村普惠型养老服务和互助性养老。推进农村公益性殡葬设施建设。推进城乡公共文化服务体系一体建设，创新实施文化惠民工程。

（24）2022年1月4日，《中共中央 国务院关于做好2022年全面推进乡村振兴重点工作的意见》（即第二十四个中央一号文件）发布。

2022年是党的二十大召开之年、"十四五"时期的关键之年，稳住农业基本盘、做好"三农"工作具有重要意义。该文件中关于农村基本公共服务的内容篇幅很长，也很详细。在第五部分"扎实稳妥推进乡村建设"中，围绕人居环境、基础设施建设、数字乡村建设和基本公共服务县域统筹作出明确规定。

第（二十二）条指出，接续实施农村人居环境整治提升五年行动。该行动开展多年，已经取得一定成绩，但仍有一些工作需要持续进行。首先，从农民实际需求出发，在农村改厕工作上下功夫，使水冲卫生厕所逐步取代传统旱厕，并做好污水处理工作。其次，针对农村生活污水治理工作，优先治理人口集中村庄，不适宜集中处理的村庄，要推进小型化生态化治理和污水资源化利用。农村黑臭水体也是农村水资源污染的突出问题，要全力做好治理工作。生活垃圾源是农村垃圾的主要污染源，要通过有机废弃物综合处置做到就地处理和利用。最后，要深入实施村庄清洁行动和绿化美化行动。

第（二十三）条指出，扎实开展重点领域农村基础设施建设。一是从公路建设角度出发，依旧将硬化路建设作为主要任务，同时强调了农村公路的安全防护、危桥改造、农村公路养护、农村路况建设等工作，指出要扎实开展农村公路管理养护体制改革试点，稳步推进农村公路路况自动化检测。二是从农村供水工程角度出发，指出要推进农村供水工程建设改造，配套完善净化消毒设施设备。三是从农村电网角度出发，指出深入实施农村电网提升工程。尤其是针对农村已经开展多年的光伏、生物质能等清洁能源方面，要持续加大建设力度。四是从农房角度出发，强调实施农房质量安全提升工程，继续实施农村危房改造和抗震改造，完善农村房屋建设标准规范。

第（二十四）条指出，大力推进数字乡村建设。一是从智慧农业角度出发，通过信息技术在农机农艺方面的有效应用，提升智慧农业发展水平。二是数字技术赋能乡村公共服务，推动"互联网+政务服务"向乡村延伸覆盖。三是从农民教育角度出发，针对农民开展数字化相关培训，增强农民数字素养与技能。四是从技术上做好支持工作，推进数字技术的有效应用。

第（二十五）条指出，加强基本公共服务县域统筹。一是加快推进以县城为重要载体的城镇化建设，加强普惠性、基础性、兜底性民生建设。二是实施新一轮学前教育行动计划，这次行动的重点指向普惠性学前教育，也包括特殊教育。三是针对医疗所开展的医疗共建和信息化建设。对城乡医保政策进行了进一步细化，尤其是分类资助政策，对特殊困难群体有了更加明确的政策资助。四是养老方面，指出以县级敬老院为载体，提升护理能力和供养水平，开展多样性养老服务，包括日间照料、老年食堂等服务。五是社会工作方面，将建立健全社会救助体系作为工作重点，强调要关爱留守儿童、残疾人、空巢老人等弱势群体。

（25）2023年1月2日，《中共中央 国务院关于做好2023年全面推进乡村振兴重点工作的意见》（即第二十五个中央一号文件）发布。

该文件侧重全面推进乡村振兴的重点工作，包括"抓紧抓好粮食和重要农产品稳产保供""加强农业基础设施建设""强化农业科技和装备支撑""巩固拓展脱贫攻坚成果""推动乡村产业高质量发展""拓宽农民增收致富渠道""扎实推进宜居宜业和美乡村建设""健全党组织领导的乡村治理体系""强化政策保障和体制机制创新"九个方面内容。其中，在第七部分"扎实推进宜居宜业和美乡村建设"中,重点围绕加强村庄规划建设、扎实推进人居环境整治提升、持续加强乡村基础设施建设和提升基本公共服务能力提出明确要求。

第(二十四)条指出,在整体推进新农村建设过程中,农村建设已经得到了显著改善,下一阶段将围绕村庄规划建设开展更为细致全面的工作,重点放在村庄合理规划和布局上。第一,针对有条件的村庄分区分类编制村庄规划,合理确定村庄布局和建设边界。第二,将集体建设用地的盘活工作与保障农民居住、基础设施建设和公共服务需求相结合,进行统筹考虑。第三,立足乡村特色,保护地域特点和乡土特征,全面提升乡村风貌。

第(二十五)条指出,农村人居环境整治仍是乡村建设的重点内容,工作重点聚焦农村户厕整改和公厕建设维护、农村生活污水治理、农村生活垃圾分类处置,以及推进厕所粪污、易腐烂垃圾、有机废弃物就近就地资源化利用。可以看出,农村环境整治的侧重点朝清洁和废弃物可资利用倾斜。

第(二十六)条指出,要持续加强乡村基础设施建设,重点聚焦八个方面:一是加强农村公路养护和安全管理;二是推进农村规模化供水工程建设和小型供水工程标准化改造;三是推进农村电网巩固提升;四是支持农村危房改造和抗震改造;五是开展现代宜居农房建设示范;六是推动数字乡村和智慧农业发展;七是落实村庄公共基础设施管护责任;八是加强农村应急管理基础能力建设。可以看出,农村基础设施建设方面的重点工作正在朝规范化、标准化、智能化转变。

第(二十七)条指出,着力加强农村基本公共服务的薄弱环节,提升农村基本公共服务能力。在教育方面,要推进县域内义务教育优质均衡发展,提升农村学校办学水平,落实好乡村教师生活补助政策。在医疗方面,要从农村医疗卫生资源的均衡化、医疗保障服务能力提升、乡村医生待遇及乡村医生队伍专业化规范化等方面提高农村医疗卫生水平。在社会保障方面,要优化低保审核确认流程,深化农村社会工作服务,推广日间照料、互助养老、探访关爱、老年食堂等养老服务,以制度体系加强对农村妇女、未成年人及精神障碍人员的保护和关爱。

该文件中,针对农村公共服务的内容以保护乡村特色为基础,以人民群众现实需要为落脚点,推动"三农"工作更为科学化、规范化和合理化,对农村公共服务在高质量发展中不断满足人民日益增长的美好生活需要具有重大意义。

二、我国农村公共服务的发展历程中取得的主要成就

我国一直高度重视农村公共服务事业发展，不断从财政、政策、供给等方面加大投入和支持力度，并且取得了卓有成效的成绩。

（一）从医疗保障角度看成就

党的十六大以来，为推进新型农村医疗服务发展，我国实施了新型农村合作医疗制度。新型农村合作医疗是指由政府组织、引导和支持，以农民自愿参加为主要形式的医疗保障。该项制度于2003年正式启动。2018年3月政府机构改革后，新型农村合作医疗划归国家医疗保障局执行。

2006年，卫生部、国家发展和改革委员会、民政部、财政部、农业部、国家食品药品监管局、国家中医药局联合印发了《关于加快推进新型农村合作医疗试点工作的通知》（卫农卫发〔2006〕13号）（以下简称《通知》）。《通知》中指出，根据国务院第101次常务会议和2005年全国新型农村合作医疗试点工作会议精神，从2006年起，将调整相关政策，加大力度，加快进度，积极推进新型农村合作医疗试点工作。这是农村医疗发展的一项突破。从该文件的内容可以看出，医疗制度建设是发展的重点，创新制度体系，建设新型农村合作医疗制度是结合我国基本国情、基于实际问题提出的。新型农村合作医疗制度的提出，不仅破解了农民看病难问题，而且是城乡统筹发展的重要举措，在很大程度上缓解了农民因病致贫、因病返贫的难题，为我国全面建成小康社会、实现共同富裕奠定了制度基础。

新型农村合作医疗制度是由政府组织、引导、支持，农民自愿参加，由个人、集体和政府多方筹资，参合农民受益，以大病统筹为主的农民医疗互助共济制度。新型农村合作医疗制度汇集政府、集体和广大农民群众的力量共同应对重大疾病，不仅有效缓解了农民群众医疗负担过重的难题，而且破解了农民群众看病难的问题。新型农村合作医疗参合率呈现逐年上升的状态，享受补助人数逐年增多，农民医疗费用有所减轻，管理也越来越规范，如"三户两印"、专款专用等。这一政策的实施，不仅减轻了农民的看病负担，使农民能够看得起病，而且疏解了政府在解决民生问题方面长期以来遇到的重大难题。

（二）从教育角度看成就

1. 实行九年制义务教育

1985年5月27日，中共中央发布了《关于教育体制改革的决定》，提出实行九年制义务教育。1986年4月,我国颁布了《中华人民共和国义务教育法》。这是我国首次将义务教育通过立法的形式进行明确,保障儿童必须并且享有接受九年义务教育的权利。《中华人民共和国义务教育法》内容虽然不多,但是其清晰明确的法律条款,是儿童和少年享有和接受九年义务教育的根本依据。至此,农村基础教育进入快速发展时期。

义务教育是国家通过立法形式保障儿童和少年享受教育权利的,其实质是国家依照法律的规定对适龄儿童和少年实施一定年限的强制教育的制度。义务教育具有强制性、免费性、普及性和世俗性的基本特点。

我国义务教育法规定的义务教育年限为九年,这一规定符合我国的国情,是适当的。目前,我国的义务的教育学制主要采用六年小学加三年初中的学制,使适龄儿童和少年按照国家规定,通过六年小学加三年初中的义务教育的学习,普遍达到初中文化水平。

2. 针对农村义务教育实行"两免一补"

所谓"两免一补",就是免费提供教科书、免收杂费,对寄宿学生补贴生活费。2006年,国家启动了农村义务教育经费保障机制改革,将农村的义务教育纳入公共财政保障范围,开启了农村义务教育经费的城乡一体化发展之路。从2006年开始,全部免除西部地区农村义务教育学生学杂费,2007年逐步拓展到中部和东部地区,实现了对全国40万所农村中小学近乎1.5亿学生的全覆盖。

3. 针对农村学生的营养问题实行营养改善计划

为了解决农村学生普遍营养不良的问题,国家有针对性地实施农村义务教育学生营养改善计划。自2011年开始实施至2013年底,中央财政共安排营养改善计划的膳食补助资金300.3亿元,安排食堂建设资金300.0亿元,这项计划惠及3200万农村义务教育阶段学生。2014年,中央财政共安排营养改善计划资金171.4亿元,将营养改善计划国家试点地区补助标准从3元提高到4元,达到每生每年800元,同比上年增长9.4%。其中,安排集中连片特困地区国家试点补助资金139.4亿元,安排地方试点奖补资金32.0亿元。

2019年,教育部、国家发展改革委、财政部、国家卫生健康委、市场监管总局联合发布了《关于进一步加强农村义务教育学生营养改善计划有关管理工作的通知》,要求各地教育行政部门要会同卫生健康部门、市场监管部门等制定完善学校食堂建设标准和餐用具配备标准,严格食堂选址及建设要求,合理规划食堂功能分区,加快学校食堂(伙房)建设,完善设施设备配备,满足学生就餐需求,进一步提高食堂供餐比例。农村义务教育学生营养改善计划实施以来，有效改善了贫困地区农村学生营养状况。但一些地方还存在政策理解和落实不到位、资金使用管理不规范、食品安全管理不严格、健康教育针对性不强、营养健康状况监测评估开展不及时等问题，一定程度上影响了该计划的实施效果。

（三）从养老角度看成就

老有所养、老有所依，针对农村老年人养老问题，各地区相继开展了不同形式的养老模式。例如，北京市通过以邻里互助为特色的"邻里互助点"养老模式、养老不离家的"居家养老"模式，以及打通农村养老"最后一公里"等形式，逐步破解农村老年人养老难题，提升农村老年人的养老水平。

1. 养老制度日趋健全

2012年《老年人权益保障法》的修订，将长期以来对养老服务发展中形成的共识和实践探索上升到法律层面，为养老服务提供了政策保障。与此同时，各级政府和相关职能部门推出了一系列务实政策和改革举措，其中涉及养老机构的设立、公办养老机构的改革、养老服务业综合改革与发展、鼓励和引导社会参与等方面。

2. 养老机构逐步增多

截至2022年底，全国各类养老服务机构和设施达到38.1万个，床位822.3万张，老年人高龄津贴、养老服务补贴、失能老年人护理补贴、综合补贴等制度不断完善，分别惠及3330.2万、546.1万、97.1万、67.2万老年人。基层社会治理走深走实，登记管理的社会组织总量已达90万个，全国持证社会工作者达73.7万人，注册志愿者已超过2.3亿人。

3. 养老模式不断创新

落叶归根是传统的养老观念，因此农村老年人养老主要还是以在家养老为主，在此基础上，国家不断创新养老模式，以满足农村老年人的养老需求。一是以地养老的养老模式。这种养老模式主要针对农村特殊群体，是一种充分考虑特殊群体的资源要素，以资源要素换取养老服务的模式。二是以医养老为主题的养老模式。这种养老模式主要针对的是没人照顾且经济收入不高、没有能力入住养老院的老年人，是一种通过整合乡镇卫生院、村卫生室，建立乡镇卫生院联系村卫生室，村卫生室联系特殊群体的养老模式。同时辅以农村老年人互助养老模式，建立相应的场所，解决其精神慰藉问题。

4. 打通农村养老服务"最后一公里"是关键所在

2021年12月30日,国务院印发了《"十四五"国家老龄事业发展和养老服务体系规划》(以下简称《规划》),围绕推动老龄事业和产业协同发展、推动养老服务体系高质量发展,明确了"十四五"时期的总体要求、主要目标和工作任务。在积极应对人口老龄化国家战略中,养老服务的提质升级时期正在到来。"老有所安"是应对人口老龄化的效果要求。在养老服务供给和质量等方面,《规划》提出了一系列重要举措,有利于升级养老服务,满足老年人的养老需求,有利于"十四五"时期全社会积极应对人口老龄化的格局初步形成。居家养老、社区养老是我国老年人希望的养老方式。为了顺应老年人居家就近养老的期待需求,我国正在着力解决养老服务"最后一公里"问题,推动居家和社区养老服务高质量发展进入2.0版本。《规划》明确提出硬指标:到2025年,养老服务床位总量达到900万张以上,新建社区、新建居住(小)区配套建设社区养老服务设施,达标率达100%。

"老年人哪里多,我们就把养老服务机构办在哪。"民政部等部门表示,顺应老年人居家就近养老的期待需求,"十四五"时期将推进老旧城区、已建成居住(小)区基本补齐社区养老服务设施,推动构建城市社区"一刻钟"居家养老服务圈,让居家社区养老服务更丰富、更便捷、更有质量。"十四五"时期,我国将规范和推广多样化养老服务作为工作重点,其中包括互助形式的养老、老年餐桌形式的养老、智慧养老、时间银行养老、嵌入式养老机构的养老、适老化改造等,针对不同地区特点、老人需求等,发展新型居家社区养老服务。

(四)从人居环境领域看成就

1. 人居环境改造工程

推进乡村建设,首要任务是抓好农村人居环境整治。习近平总书记在2018年底的中央经济工作会议上强调,改善农村人居环境是实施乡村振兴战略的重点任务,也是农民群众的深切期盼。这充分体现了习近平总书记对广大农民的殷切关怀,并对改善农民生产生活条件提出了新要求。要在全国深入学习推广浙江"千万工程"经验,推进农村垃圾污水治理、厕所革命和村容村貌改善,开展村庄清洁行动,组织发动农民参与人居环境整治,坚持不懈地把改善农村人居环境这一惠民实事抓好抓出实效,确保完成《农村人居环境整治三年行动方案》确定的目标任务。

改善农村的居住环境,打造美丽乡村。要把"千村示范、万村整治"工程作为推动农村全面发展的基础工程、统筹城乡发展的龙头工程、优化农村环境的生态工程、造福农民群众的民心工程。

"十四五"时期,要接续推进农村人居环境整治提升行动,重点抓好改厕和污水、垃圾处理,健全生活垃圾处理长效机制。当前,我国"三农"工作重心已经转向全面推进乡村振兴,而加强农村公共服务发展是实现农村振兴的基本保障。

2. 厕所革命

新中国成立初期,农村地区厕所简陋,粪水暴露,造成了寄生虫病高发问题,给人们的健康带来巨大危害。20世纪70年代,我国爱国卫生运动委员会开展了"两管五改"活动,以改善环境。20世纪80年代,推动改水改厕,拉开了"厕所革命"的序幕。20世纪90年代,将农村改厕纳入《中国儿童发展规划纲要》《中央卫生改革与发展的决定》。随即,农村掀起了一场轰轰烈烈的"厕所革命"。现阶段,习近平总书记对深入推进农村厕所革命作出重要指示,即"十四五"时期要继续把农村厕所革命作为乡村振兴的一项重要工作。

(五)从农村就业看成就

1. 返乡就业促进农村就业

2018年农业农村部印发的《关于大力实施乡村就业创业促进行动的通知》,激励更多返乡下乡本乡人员开展创业创新。该通知指出,实施乡村就业创业促进行动,有利于推动政策落实,搭建公共服务平台,引进和培育更多的创业创新主体,建设乡村人才队伍;有利于培育新产业新业态新模式,壮大乡村优势特色产业,促进农村一二三产业融合发展;有利于推动城乡要素双向流动,实现人才、资源、产业向乡村汇聚,构建城乡融合发展的体制机制。

2. 培养新型职业农民促进农村就业

所谓新型职业农民,是指具备农业相关专业技能,以发展农业、经营农业生产作为职业,收入来源于农业的现代农业从业者或者农业工作者。让农村留得住人,让农业吸引人,需要农业农村的现代化,更需要农民的职业化。只有培育构建新型职业农民队伍,才能带动乡村人口综合素质、生产技能和经营能力进一步提升。新型职业农民是实施乡村振兴战略、发展现代农业的重要主体,因此,培育新型职业农民对于促进农村就业有着重要作用。

三、我国农村公共服务的成功举措

从新中国成立初期到现在，农村公共服务发生了翻天覆地的变化，农村面貌和人民生活状况得到显著改善。从现实发展来看，显而易见，建立和健全农村公共服务，提高农村公共服务质量，扩大农村公共服务范围，使绝大多数农村居民享受平等的基本公共服务，这是农村经济社会健康发展的必要条件。

为深入学习贯彻习近平总书记关于加强农村公共服务的重要指示，落实2019年中央一号文件中提出的加快补齐农村人居环境和公共服务短板的要求，农业农村部和国家发展改革委启动了补齐农村基本公共服务短板、补齐非基本公共服务弱项、提升公共服务质量水平等方面经典案例推介活动。活动启动以来，可以看到很多值得推广的成功举措。

（一）关于农村教育

1. 构建城乡教育共同体，共享优质教育资源的成功举措

以新疆维吾尔自治区昌吉市为例说明。该市整合了全市中小学教育资源，打破城乡管理多重界限，组建城乡小学发展共同体、中学学区共同体，实施"十统一"机制，将城区优质中小学教育资源直接下沉到乡村，实现优质教育资源区域共享。

所谓"十统一"机制，就是统一教学管理、统一共享设施、统一教师使用、统一课程资源、统一教学活动、统一组织备课、统一教师培训、统一学生活动、统一质量监测、统一评价激励。为改善农村薄弱学校的校舍环境和附属设施，把农村学校校长、教师培训纳入基本公共服务体系，建立长效联动机制，确保义务教育学校教师工资不低于当地公务员平均工资水平，教师工资按时发放，绩效工资等全面落实到位，依法为教师缴纳住房公积金和社会保险。为加大城乡教师交流力度，实行"轮岗""支教"两种交流制度，交流对象包括普通教师、中层管理干部及学校领导，交流期为一年，主要通过送课、送理念、选派骨干力量到薄弱学校挂职、农村学校教师到城区学校"跟岗学习"等方式，广泛开展教研活动。为实现资源共享，共同体学校在课程改革、教学管理、课堂教学、校本研修、教育科研等方面实现优质资源共享。

2. 城乡一体化，补齐农村学前教育短板的成功举措

以山西省运城市芮城县为例说明。芮城县紧紧围绕"普及普惠、安全优质"的发展目标，以城乡一体化办园模式为统领，以推动学前教育均衡发展为抓手，充分发挥行政引导、规范、协调和推动职能，摸索出一条"城乡一体化"发展路径，补齐农村学前教育短板，促进农村学前教育良性发展。

其主要举措包括形成打破城乡壁垒的城乡一体化办园模式，以及集人、财、物、教育于一体的"四位一体"管理模式，从体制机制建设上补齐农村学前教育短板。

第一，形成城乡一体化办园模式。从地理位置来看，芮城县位于山西省西南端，山西、陕西、河南三省交界处。2012年以前，全县共有幼儿园60所，其中农村园54所，农村园所占比达90%。在园幼儿9180人，其中农村幼儿5305人，农村幼儿占比58%。受到多方因素影响，无论是从办园体制、师资队伍、教学质量来看，还是从管理来看，农村幼儿园的综合水平较城镇幼儿园的综合水平差距非常大。这就造成了城镇园孩子多、农村园孩子少的矛盾日益凸显。而究其原因，越来越多的家长希望孩子受到更好的教育，在更优良的环境中成长，这是城镇化进程加速发展的必然结果。因此，芮城县出台了《关于进一步规范学前教育管理的意见》（芮教字〔2012〕29号），开启了由城区优质幼儿园在农村办分园，全面管理农村薄弱园的城乡一体化办园模式。首先从体制机制、管理模式、师资队伍下手，积极推进城乡一体化的办园发展。

第二，形成集人、财、物、教育于一体的"四位一体"管理模式。一是城乡法人为一体。其主要措施是县直园园长由县直总园与农村分园的法人代表来担任。首先，农村分园执行园长必须由经验丰富、业务能力过硬的中层干部来担任，且必须从本园选派管理。其次，执行园长必须在农村分园工作3年以上才允许回总园，这是为了保证农村分园的办园方向及理念正确，保证提升举措的持续性。二是资金投入一体。在财务管理方面，县直幼儿园和农村分园按照各自的类别进行收费，建立县直总园大账，将农村分园所收费用全部纳入，并集中上交县财政进行统一管理。县直总园对农村分园实行一体化管理，农村分园所需投入由总园支出，确保规模小、条件差、收支不平衡的农村分园良性运转。三是师资调配一体。在人员管理方面，由县直总园对城乡教师进行统一管理和调配，通过多种形式让农村教师的专业素养在短期内快速提升，如县直总园教师下乡支教、农村教师到县直总园跟岗学习，以及城乡教师轮岗交流、师徒结对等。同时，为稳定农村分园教师队伍，运用绩效管理的方式对农村教师工资、奖金、福利待遇进行管理，整体来看，农村分园教师各项待遇水平均高于县直总园。在培养农村本土教师方面，建立教师入编常态机制，创造培养平台，规划培养方案，多渠道、多方向提升教师的综合能力和素质水平。四是保教管理一体。为确保农村幼儿肉蛋荤素的均衡摄取，使农村园孩子能吃好喝好，在城乡幼儿园食谱设定上保证基本一致，扭转农村分园营养搭配不合理的配餐状况。同时，城乡一日作息时间基本一致，每天确保有2小时户外游戏活动、室内游戏活动和集体教学活动，将农村幼儿园以"上课"为主转变为多样化丰富的作息安排。此外，城乡课程模式也基本一致，在农村分园实现"以游戏为基本活动"，而不是"小学化"教学模式。城乡评价方式基本一致，从过去以一张考卷评价孩子的方式转变为发生在真实情景中的过程评价方式。教研活动基本一致，农村分园教师纳入县直总园集体教研活动安排，有效解决农村教师专业素质不高的瓶颈问题。五是实施特色活动。农村分园具有农村特有的资源环境，因此在活动设计上更注重利用乡土资源因地制宜地实施课程。例如，在幼儿的游戏材料中增加了高粱棒、树枝、石头、易拉罐、纸盒、纸杯、瓶盖等自然物和废旧品；民间传统游戏玩沙、玩水、玩泥巴、玩轮胎，以及"炒豆豆""切西瓜""老鹰捉小鸡""抬花轿"等也被设计到农村分园的户外活动环节中；农村分园还组织幼儿到户外（如田野、苹果园、果库、木器厂等）体验，丰富了幼儿的学习内容。

3. 科学引领，转变陈旧观念的成功举措

第一，举办家长讲堂。县直总园组织本园业务骨干到农村分园举办家长讲堂，通过理论讲解、案例分析、课程介绍等方式，让家长对幼儿园以游戏为基本活动"去小学化"建立概念、形成认知。

第二，家长入园体验。农村幼儿园举办"家长开放日"活动，让家长了解幼儿园活动安排，近距离接触和体验幼儿园教育，与幼儿共享游戏的愉悦、收获、成长。

第三，节日亲子互动。芮城县坚持"把节日还给孩子"的理念，在元旦、六一等节日活动中，打破传统以团体表演和文艺汇演为载体的节日庆祝模式，通过亲子运动会、亲子游戏、亲子手工等方式，让家长和幼儿在互动中增加交流、增进感情，也让家长更好地了解幼儿园课程。通过和幼儿园的多方联动，家长明白了游戏就是最符合孩子身心发展规律和年龄特点的学习方式。现在，农村家长的理念得以有效转变，不再反对幼儿园开展游戏课程，并在行动上积极支持幼儿收集轮胎、纸箱、瓶罐等游戏材料，并为孩子制作玩具，支持孩子在家、在园开展游戏活动。

（二）关于农村医疗

山东省文登区"医疗资源下乡"试点成功。2019年12月，"山东文登推动优质医疗资源下乡让村民家门口看病就医"的案例入选首批18个全国农村公共服务典型案例。

相关人员和资深专家认为，文登试点依赖于现代技术，整合了国内外权威专家的大量资源，这些都有助于降低医疗服务提供成本，还能提高优质医疗服务的广泛性和可触及性，有利于加强城乡医疗服务体系的建设。通过配备巡诊车和送医送药下乡等各项活动的开展，充分地利用和调动了优质的医疗资源。这提高了农村常见病、慢性病的早期诊断正确率和恢复率，有助于相关人员对患者进行有效的干预和正当的预防，也有利于控制和减少病患者后期治疗成本及病痛所带来的身心痛苦和折磨。该举措还有利于减轻基层政府未来的医疗财政负担。文登区此举可谓满足和达成了农村看好医、看病易、吃好药、达需求、提品质、高效率、低成本的愿景。

第一，通过上下联动的方式组建医联体。重点是将优质的医疗资源下沉到医疗条件相对薄弱的农村地区，让专家坐诊带教，提升基层医护工作者综合水平。同时，医生下乡入户，让农民可以就近看病。将不同地域的医疗数据进行共享，利用大数据把优质的医疗资源通过平台用于农民群体的病患治疗上，实现优质资源共享。例如，通过相应的技术手段，跨越地域差异、医疗资源贫乏的鸿沟，让患者最高效率、最大限度地享受医疗配合科学技术的红利。将首都先进的资源通过网络传递，给农村患者带去保障，这条网络所连接的"线"并不普通，它搭建起了神圣的生命之桥，最大可能地降低了死亡的风险，最大限度地增加了治愈的概率，真正达到了优质资源往薄弱农村地区下沉的目的。

第二，多措并举破解农村药品短缺难题。村医少是农村存在的普遍问题，为此，文登试点以基层巡诊服务模式弥补村医少的短板，通过专业化巡诊车达成车上就医。巡逻车配有检查设备，设有专业医生，通过巡回的方式将医疗资源送到农村。另外，取药不方便也是农村就医的一大难题。为此，文登试点建立联合协作机制，以区邮政公司为服务载体，在家庭医生团队到村巡诊开完处方后，通过邮政快递将药送至村民家中。还有一大难题是农村老年人的"医养"难题，当然，这一难题可以利用建立健康档案和制定专属个性化上门服务等来解决，也可以和"联合家庭医生团队"这样的优秀团体相互合作来解决。

(三) 关于农村社会保障

甘肃省天祝藏族自治县（以下简称天祝县）聚焦残疾人的当务之急，经过反复深入的探讨研究，建立了"公建民营医养联合""公立机构兜底保障""幸福大院就近照护"等多种公共服务模式。其主要成功经验包括多方联动制度体系建设、残疾人服务能力的全面优化等。

第一，多方联动加强集中照护服务。所谓多方联动，是指通过组织社会力量参与集中照护服务，来弥补照护服务的短板和欠缺。天祝县将目标确立为"解困、脱贫、改善居住环境"，深入研究残疾人集中托养模式，重点关注"照护一个人、麻烦一家人"的根本性问题；利用对托养机构给予资金补给，依托两家托养机构，成立了残疾人康复医院和医疗中心，提供多项残疾人服务，同时面向社会为老年人提供托养服务。

第二，深入优化残疾人的服务工作。在人口相对集中的行政村，采取集中新建房屋等方式，建造老年人群体大院，托养照护本村、本乡镇的无配偶、子女的老年人和残疾人。完善和健全相关的老年人群体大院管理体系。村残疾人协会在开展残疾人需求调查、志愿服务、政策咨询、疾病预防和基因诊断等工作的基础上，协助乡镇政府和村委会加强对老年人群体大院的管理。

第三，建立健全公立机构托养服务体系。天祝县决定以政府购买服务的形式面向社会招募承办机构，打造一流水准的康养服务中心，以提供更加优质的托养服务，让"智残""肢残""精神残疾"等人士在托养问题上有所保障，尽量做到让老年人老有所依、老有所盼，用心让他们安享晚年，在托养中心感受到家庭般的快乐和幸福。

(四) 关于农村养老

1. 北京市平谷区四级联动的"医养联动"模式

医养联合是主要的农村养老模式之一。北京市平谷区通过结合农村实际，将养老模式推广和应用到农村，创造出高位推动、部门协同，农户、社区、乡镇和区四级联动的"医养联动"模式。其经验主要归纳如下。

第一，顶层设计是四级联动体系的基础保障。一是建立起从上到下的工作推动制度体系。二是各部门相互配合，确立了"医养联动、制度体系协同"的工作指导方针。三是强化四级联动保障。利用富余病床，依托区级医养联动制度体系补齐养老短板。

第二，多样化养老模式的反复深入探讨、研究和应用。一是社区卫生服务中心开放医养联动病房模式。二是卫生健康委接管养老院模式。三是医疗机构入驻各级养老机构模式。四是医疗机构"互联网+医疗"模式。五是医护到家服务模式，即将多种养老模式相联合，形成将医护送到家的养老服务模式。

2. 河北省巨鹿县"医养联合+护理险"构建农村多元养老保障网

养老问题一向是农村公共服务发展的弱势，全国各地都在持续摸索具有当地特色的养老服务模式。河北省巨鹿县综合考虑多方因素、各个方面，探求出"医养联合+护理险"养老模式。其经验做法主要包括三个方面。

第一，将政府主导作为系统保障的前提。一是从系统设计上下功夫，通过对养老机构的管理研究，总结管理方法，根据国家出台的养老相关政策及文件等，以政府指导为前提，整合资源、融合功能，打造提供综合性服务的养老中心。二是落实好政策补贴、扶持力度。按照政策补贴和扶持的相关要求，对入住的老年人进行相应的扶持和帮助，对于特殊家庭和贫困老人，要特别注意建档立卡工作的实施。三是重视对人才的培养，同时加大力度引进人才。可以搭建培养人才的基地和平台，对养老服务人员开展养老护理、医疗服务等多种形式的技能培训。

第二，因地制宜地开展特色化养老服务。一是整合项目"联体建"。首先从资金入手，整合相关部门的资金，加大服务机构建设力度。二是挖掘优势"扩容建"。制订养老目标，积极引导医疗机构拓展养老服务功能，尤其是针对各医疗机构自身具体情况，拓展养老服务功能。三是龙头先行"带头建"。所谓龙头先行，就是以县医院作为县级资源最丰富的医疗机构，率先开展养老中心建设行动，起到带头建设的作用。四是机构合作"协议建"。民营养老服务机构与具备资格的县乡村医疗机构和个人诊所签订医养合作协议，形成协议共建模式，即由养老机构提供病房，县乡村医疗机构和个人诊所提供医务工作者。五是居家医养"签约建"。借助所提供的平台，为在家养老的老年人群体提供良好的医养联合服务。例如，可以提供相对基本的检查项目，如血压、血糖等的检测，对其基本的健康情况作出相应的判断；对居家的失能、半失能老年人开展长期护理险居家服务；等等。

第三，将护理保险纳入养老服务项目。一是构建多方共担筹措制度体系。二是构建多元化的便捷服务制度体系。根据养老服务需要，设立针对重度失能的医疗专护、针对中度失能的机构护理，以及日常居家护理三类服务模式。三是差异竞争管理制度体系。通过星级管理的方式，对定点医养机构进行评定，量化为星级，进行差异化管理。还可以将商业化的保险服务纳入养老服务，尽最大的力量保障老年人群体的利益。

3. 山东省荣成市依托"暖心食堂"构建新型农村养老服务体系

依托"暖心食堂"构建的新型农村养老服务体系可以给群众创造一个很好的志愿服务平台和机会，对老年人进行相应的帮扶，表达爱心。"暖心食堂"通过提供自住型餐厅、集中分配制餐厅等多种模式，让老年人有更多的用餐选择，解决了他们的民生"食"事。其经验做法可以概括为以下三个方面。

第一，创新投入方式，多渠道解决资金难题。一是争取扶持资金，用好各级对农村幸福院的奖补资金。二是挖掘内部潜力，整合民政局的"暖心基金"，朝就餐老年人多的食堂倾斜。三是发动社会募捐，依托信用荣成建设，对向食堂捐款捐物的组织和个人给予相应的信用激励。

第二，充分利用志愿队伍，促使其参与服务活动。荣成市将"暖心食堂"运营与信用体系建设联合起来，对参与"暖心食堂"服务的志愿者给予更多信用加分，积极调动农村妇女参与"暖心食堂"服务。其中烹饪饭菜由"巧厨娘"志愿服务队免费承担，食材由志愿者自带。志愿者可以通过村民和社会各界人士捐助，以及在乡间开辟小菜园等多种方式解决食品来源问题，形成自给自足的健康生产模式。当然，志愿者制作的食品还可以进行市场销售，这样可以带动经济发展，从而增强志愿者的幸福感和参与感。

第三，健全保障制度体系，使运营更加规范。出台《荣成市农村"暖心食堂"建设指导意见》，成立由多个监管部门组成的工作专班，专人做专事，以确保食堂各项工作有效开展。

（五）关于农村社会救助

1. 浙江省海盐县基本公共服务均等化改革

海盐县以"城乡一体化"为载体，致力于推进城乡均衡发展，积极在基本民生性服务、公共事业性服务等领域开展反复深入的探讨、研究和实践，构建了覆盖城乡、可持续发展的基本公共服务体系，达成"七个率先""九个全覆盖"，稳步推进海盐县基本公共服务均等化发展建设步伐。

第一，从政府为主导的供给体系出发，积极学习国家出台的相应扶持政策，鼓励有条件的社会组织承接政府公共服务事项。

第二，以信息化建设为手段，持续提升基本公共服务便捷化、科学化水平。"最多跑一次改革"是服务的重要手段，政府数字化转型是促发展的必然

要求,因此,要完善公共服务供给与政府服务网之间的工作机制,开展相关App的对接项目,持续推进简化线上办理流程和增加线上办理事项的比例工作。

第三,构建多元化社会参与制度体系。建立县、镇、村三个层次的培养体系,鼓励社会组织及社会服务人员积极参与到不同类别的服务,促进人才流动,从而进一步优化公共服务体系。

第四,将优质的资源进行共享,这也是未来发展的一条必由之路。只有实现资源共享,才可以有更大的进步和提升。教育资源共享能将大城市先进的教育资源共享到小城市,使学生接受来自大城市的优质学习资源,进一步缩小由于地域差异所产生的教育差异,让学生在教育上得到公平对待。同样,在医疗的发展上进行资源共享,可以使患者接受最优的救治,也可以使医生的治疗成果最大限度地被传播并发挥价值。这样的资源共享,能挽救很多人的生命,乃至很多个家庭。医疗资源的共享无疑是社会进步的一个重要部分。因此,优质资源区域共享制度体系是社会发展的必然要求。例如,可发挥毗邻沪杭等大都市的区位优势,推进"接沪融杭";在医疗卫生服务上,与大城市具备优质资源的公立医院建立支援协作关系;推动开通医保"一卡通",满足患者异地结算住院费用的需求;等等。

2. 重庆市奉节县集中供养失能人员,帮助贫困家庭走出困境

重庆市奉节县对失能弱势群体的相关人员开展救助,帮助贫困家庭走出困境,通过扶贫制度体系创新,走出了社会救助与扶贫融合的创新道路。其经验主要包括以下三个方面。

第一,结合实际整合资源,其中包括扶贫资源等,如通过专业护理的帮扶方式,彻底解决了"一人失能,全家致贫"的难题。

第二,采取"试点先行、规范管理、财政托底、购买服务、整体带动"的方式。首先,聘请专业管理团队加入帮扶服务,对失能人员实行统一管理,加强康复训练。其次,由集中供养中心负责专职服务,集中供养中心由院长负责,并根据级别和不同区域建立分级分区护理制度,由专人负责管理和服务。民政部门等作为供养中心的监管部门,实施全天候、全方位实时连线监管和在线动态指导。

第三,帮扶制度体系的建立健全。构建多元化的帮扶制度体系,组成以镇村干部、医生、教师、学生、社工等为主体的帮扶组织,开展常态化帮扶服务。

(六)关于农村人居环境

1. 辽宁省庄河市"1945"模式破解农村垃圾治理难题

辽宁省庄河市通过"1945"模式,搭建出有资金链保障的长期运作体系,从源头上减少垃圾量,从终端上对垃圾进行相应的处理,以及对垃圾进行定期的清理整理,从而保障了环境的整洁和干净卫生,有效地解决了农村垃圾治理的困难,在农村垃圾治理方面起到了一个很好的带头作用。

这里所说的"1945"模式可以拆分来看。"1"就是由1个企业负责农村垃圾全程转运。"9"是指由9个固定和移动垃圾转运站承担乡镇垃圾压缩任务。"4"是指垃圾"四分法",就是将可回收垃圾、可腐烂垃圾、有毒有害垃圾及其他垃圾进行分类处理。"5"是指生活垃圾的"五指分类法",就是将垃圾细化分为可腐烂垃圾、可燃烧垃圾、可变卖垃圾、可填坑垫道建筑垃圾、有毒有害垃圾五种,并且按照五种垃圾的生态转化价值进行分类处理,可用的进行后期处理使其产生价值,不可用的进行无害化处理。"1945"模式有四点经验值得借鉴。

第一,针对农业生产废弃物的资源化利用。一是建设畜禽粪污区域性处理中心,通过整体处理整合的方式,对畜禽粪污资源进行整合利用。二是秸秆综合利用。建设秸秆收储体系,将秸秆进行二次利用,通过肥料化、饲料化、能源化、基料化、原料化,促进秸秆综合利用,利用处理后的秸秆生产成型产品。

第二,建立垃圾收集、处置设施设备维护制度体系。结合当地实际,优化垃圾处置整体布局;建设垃圾箱、垃圾压缩站、大型垃圾分类宣传亭、电动三轮保洁车等设施和设备;建立运行管护队伍,明确各环节管护责任主体,建立管护效果评价制度体系,根据每个季度评分情况发放保洁经费。

第三,做好宣传工作,构建协调联动制度体系。让群众了解垃圾分类,并且积极参与垃圾分类工作。新闻媒体可开设专栏,对优秀的经验做法、先进单位、典型个人进行宣传报道,形成工作简报并发送至各相关单位,还可制作垃圾分类减量宣传片、公益广告,并在电视台滚动播出。

第四,多部门联动抓好治理工作。农业农村部门作为牵头单位,将村庄清洁行动与城乡垃圾整治、河道治理、污水治理、公路建设、爱国卫生运动及"美丽庭院"创建活动进行联合整治。针对不同时节,开展有针对性的环境治理工作,更加有区域化、有重点地对环境进行治理,使环境得到有效改善,让农村有新面貌,让农业发展可持续。

2. 江苏省苏州市吴江区"三张榜单"引领农村人居环境整治

江苏省苏州市吴江区创新推出"红黑榜""红黄绿三色榜""光荣榜"三张榜单，健全干部考核体系，完善乡村治理方式，激励调动农户积极性，形成了政府、村民自治组织和农户三方合力推进农村人居环境整治的新局面。其主要经验可概括为以下三方面。

第一，以"红黑榜"完善考核体系。建立"红黑榜"考核制度，重点抽调专人组建专办，重点围绕农村生活垃圾处理、农村水环境管护、村容村貌提升三个方面十二项内容，以日检查、周汇总、月通报的方式，对全区所涉及的自然村开展季度全覆盖式检查，每月发布自然村"红黑榜"，每季度发布行政村"红黑榜"和区（镇、街道）排名，并动用媒体力量，对"红黑榜"进行公示。同时，按照"奖要奖到心动，罚要罚到心痛"的原则，将"红黑榜"考核结果与区（镇、街道）高质量发展考核指标、村干部年终报酬、行政村奖励资金直接挂钩，并建立干部约谈、调整制度体系。吴江区利用完善的考核制度体系和奖惩导向，真正压实了基层责任，倒逼农村人居环境整治主体落实责任。

第二，以"红黄绿三色榜"落实主体责任。将公共服务、群众自治、社会共治的理念引入具体工作，通过分类施策，提高行政资源利用效率，重在激发村民、企业等市场主体的能动作用，推动农村社会治理体系现代化。重点在外来租住人员较多的村庄，将农村人居环境整治与"331"消防安全整治相结合，红牌为人居环境和消防安全都不合格的农户，黄牌为人居环境和消防安全一项不合格的农户，绿牌为人居环境和消防安全都合格的农户。各村根据检查结果，在农户大门上贴上相应标签，从而激发农村熟人社会相互监督的积极性，形成比学赶超的良好氛围。

第三，以"光荣榜"亮出农户成绩。建立多种形式的"光荣榜"制度，把农户的卫生文明成绩也晒一晒、亮一亮，在小集体内、邻里间形成比学赶超的良好社会风气。各村积极完善村规民约，明确农户对自己的房前屋后、院落菜地，按照农村人居环境整治标准实行门前"三包"，落实常态化保洁。同时，成立由村干部、老党员、小集体长、村民代表组成的监督小集体，每月对农户开展检查评分，并在村庄显著位置设立"光荣榜"，将农户每月成绩张榜公示。不少村还对"光荣榜"制度进行创新升级，反复深入地探讨研究出"光荣积分"兑换实物、"美丽庭院"和"美丽菜园"评比、组织最美家庭参观示范村等活动。

3. 宁夏回族自治区固原市彭阳县"互联网+"打通农村饮水工程"最后100米"

彭阳县地处宁夏西海固地区,这片地区山高沟深、干旱缺水,素有"苦瘠甲天下"之称。从地理位置来看,水资源短缺问题一直制约着农民生活水平的提高。因此,当地借助"互联网+"推进城乡供水一体化,对饮水工程实施信息化、智能化改造,解决了农村自来水入户难、管护难、缴费难等问题。其主要经验体现在供水网络体系建设、互联网技术的有效应用、构建智慧供水模式等方面。

第一,供水网络体系建设。首先是建设城乡一体化的供水网络体系,推进一体化大水源建设。整合资源要素,通过科学规划,对当地大水厂、大管网、大连通进行完善和建设;通过专业团队编制以互联网技术为支撑的农村供水模式相关实施方案,采取数字赋能的"工程提升+管理改革"模式,将分散建设的零散农村饮水安全工程水源整合为"1水源、2水厂、3片区"的整体,以整体升级打包来解决农村零散的饮水难题。其次是以试点形式先行有序推进。对人饮工程的泵站、蓄水池、入户计量设施等试点进行物联网改造,其中包括无线采集、启停控制、液位压力传感、用水计量、视频监测等任务,对流量、水位、水压等参数实施在线监测,推进泵站无人值守、远程控制、自动运行、联合自动调度。最后,对农村饮水设施设备做好巩固提升,主要分为土建基础设施建设工程、自动化控制工程和信息化建设工程三个部分。工程以农村供水土建工程为基础,利用互联网、物联网技术,通过在泵站、蓄水池、管网等工程处安装各类物联网监测、控制设备,配合工程搭建的智慧人饮系统,实现了从水源、泵站、蓄水池、管网到用水户的全链条自动运行和智能化管理。

第二,互联网技术的有效应用。首先,通过云计算、互联网、智能控制等科技手段对农村居民饮水实施改造,从水源治理到水龙头,从工程管理到供水服务,做到全面的信息化、智能化改造提升。互联网技术在水源治理方面的应用,可以说为农民饮水的发展带来了新的变革,打破了以往传统的管理和服务模式,从体制机制上解决了农村饮水一直存在的"最后100米"综合难题(如自来水入户难、管护难、缴费难、供水率低等问题)。资金问题一向是首要问题,因此通过多元化的手段解决资金难题是首要任务。彭阳县通过成立专门的水务投融资平台,以政策性贷款、中央预算内资金、统筹整合涉农资金、地方债券和群众自筹等多种渠道筹集资金。其次,开展体制制度体系改革。以"互联网+"为手段,与城乡供水体系相适配,进行相关的体制机制改革。通过标准统一的机制促进城乡供水一体化管理,尤其体现在城乡供水均等化和建管服一体化两方面。同时，将社会化组织引入农村饮水安全的相关工作，重点集中开展供水经营特许工作，以市场化的方式引入社会化服务。其主要做法是由专业化公司辅助农村饮水安全工程运行管理，实施监测、预警、调度、排查、通知第三方托管等服务。然后，引进自动监控设施进行设备监管，在农村人饮工程的泵站安装自动启停控制设备，在蓄水池安装液位传感器、无线采集设备、电动阀门等自动化设备，在管网处安装压力传感器和超声波流量计，在连户井表、用水户安装射频卡水表和光电直读远程水表，实现远程供水监控、报警控制及手机、计算机智能化管理等功能。供水管理要建立统一的数字化服务平台，要将调度、运行、监控、维养、缴费、应急集合于一体，全面纳入平台体系。平台体系重点可以实现对水质的实时自动采集、传递、分析，以及处理各类运行数据，达成多级泵站和蓄水池智能联调、水质在线监测、事故精准判断和及时处置。而工作人员仅通过移动 App 就可以达成远程监控、运行调度和事故控制，极大地提升了质量和效率。最后，启动自来水入户计量智能化改造，改变传统缴费模式。以往农民交水费过程复杂，先需要下井抄表，再进行上门收费，不仅耗时耗力，而且成本较高。而现在，农民只需要一部手机即可缴费购水、查看用水信息、申请停用水，享受了和城市居民同样的便捷服务。

第三，构建智慧供水模式。其通过三个方面用"互联网+"方式解决农村饮用水问题。一是在技术上实施综合配套的相关措施，从节水增效、确保供水保障等方面开展有效工作。二是公开水价，使水价透明、水费缴纳制度新颖，不断增强农民的节水意识，保障水资源的供应量。三是通过自来水的引入，提高农民的生活品质。对相应的水质进行检测，对水过滤等相关技术进行整改，保障农民饮用到符合标准的水。俗话说，水喝得好，身体也会好，因此，水质检测也是必须要开展的一项工作，要让农民喝水有保障、生活更健康。

第二章 高质量发展阶段农村公共服务的新内涵和新命题

第一节 高质量发展阶段农村公共服务的主要目标、重点任务和基本要求

一、主要目标

2020年10月，党的十九届五中全会审议通过了《中共中央关于制定国民经济和社会发展第十四个五年规划和二〇三五年远景目标的建议》，高度评价了"十三五"期间取得的巨大成就，提出了"十四五"时期国民经济和社会发展的目标，以及2035年远景目标。

习近平总书记在党的二十大报告中提出"全面推进乡村振兴"，强调"建设宜居宜业和美乡村"。这是乡村未来发展的总基调和总目标，从"全面推进乡村振兴""建设宜居宜业和美乡村"这两个核心点可以看出，以习近平同志为核心的党中央统一将乡村发展作为中国式现代化进程中的重要任务，在推进中华民族伟大复兴历史进程中，必须要处理好乡村问题，加快农业农村现代化进程。因此，建设宜居宜业和美乡村是高质量发展阶段农村公共服务的重中之重。

建设宜居宜业和美乡村这个目标任务涉及农村发展、农民生活、农业生产、农村生态的方方面面，包括农村文明建设，涉及乡村治理体系和治理能力，是乡村振兴的长远规划和部署，内容十分丰富，总体上要把握好以下要求。

（一）农村建设要与现代化接轨

就目前来看，乡村的生活水平和生活条件已经有了日新月异的变化，得到了很大程度的改善。但在进入新的百年征程过程中，乡村建设的任务仍然是非常艰巨的。其主要表现在乡村公共服务所暴露出来的突出问题，如城乡间的道

路建设、农村供水服务、农村新能源建设、通信等公共基础设施方面存在短板。此外,水厕取代旱厕、生活及农业生产垃圾和污水、村容村貌等人居环境方面的建设与乡村振兴的发展要求还有很大距离;而保障民生的农村教育、医疗卫生、养老及社会救助等基本公共服务还无法满足农民群众的现实需要。这一系列的短板和不足告诉我们,农村在迈向现代化进程中仍然有很多工作要做。因此,在未来一段时期内,农村在公共服务方面需要努力实现以下三点。首先是基本生活设施方面,针对水、电、路、气和物流等生活基础设施,要结合农村现实和发展实际不断完善,农村住房建设仍需加强。其次是农村基本公共服务方面,要在城乡一体化进程中重点关注公共服务体系的建立健全,实现全民覆盖、普惠和共享。针对农村教育、就业、医疗、养老等公共服务领域,要统筹城乡资源配置。最后是农村环境方面,把农民对于生活环境的迫切需要作为工作重点,尤其是将人居环境、厕所卫生、生活垃圾和污水等涉及民生环境的方面作为工作和发展的重点。

(二)就业机会的增加和优化

随着乡村振兴的持续推进,越来越多的农民选择回乡就业,但由于现有农村就业岗位较少,因此他们选择在县域内就近就业。据2021年相关数据统计,农民工在县域内就业人数约有1.62亿,占全国2.93亿农民工总数的55%。由于就业人数持续增加,因此需要增加更多的就业岗位,亟须做的一件事就是拓宽就业空间,增加就业容量,从而促进更多的返乡人员就业。从农村的功能和资源来看,农村产业发展具有很强的塑造性,农村生态价值的多元化、农业的多种功能,使得农村在就业空间的发展上有很大的空间。农村营商环境相关工作将成为聚焦点,政策的扶持、服务的保障,将会吸引越来越多的人才回到农村创业就业,进而带动乡村发展。

(三)乡村文化发展是乡村的精神保障

乡村不仅要塑形,而且要铸魂;不仅要口袋里有钱,而且要精神充裕。乡村振兴不仅是乡村经济发展和物质生活改善的途径,更是完善乡村治理模式、加强农村精神文明和乡村文化的重要手段。因此,乡村振兴不仅要在"硬件"建设上下功夫,而且要注重在"软件"上下功夫,不断优化乡村治理模式。乡村精神文明建设离不开坚实的农村基层党组织,而是要在基层党组织的领导下,构建自治、法治、德治相结合的乡村治理体系,不断提升乡村治理水平。

（四）城乡一体化发展促乡村振兴

城乡一体化发展需要通过以工补农、以城带乡，加快形成工农互促、城乡互补、协调发展、共同繁荣的新型工农城乡关系。农民和城镇居民可以互融互通、自由流动。尤其是农业转移人口的市民化，使务工农民可以享受与城镇居民相同的公共服务。城乡要素可以自由流动，打破壁垒，实现双向流动。随着城乡一体化发展，不仅城乡间公共服务差距在不断缩小，而且形成了以县城为重要载体的城镇化发展模式，县域城乡融合发展取得显著进展。

二、重点任务

党的二十大报告首次提出"建设宜居宜业和美乡村"的新目标。这一新目标给社会主义新农村建设提出了一系列需要完成的重点任务，主要包括以下七个方面。

（一）现代乡村产业体系是重点

从乡村"五大振兴"的排序可以看出，产业振兴是乡村振兴的首要任务。只有乡村的产业有了长足的发展，农民才能增收，才能留得住人才，才能发展乡村，才能实现真正意义上的乡村振兴。构建现代化乡村产业体系有两项重点任务要做好。一是粮食安全问题。粮食安全这根弦始终要绷紧，不仅要提高粮食产量，而且要保证重要农产品的供给水平。二是一二三产业融合问题。众所周知，乡村具备特色的文化资源、地理资源、生态资源，因此，要依托特色资源发展乡村二三产业，不断延伸产业链，推动乡村产业朝高质量方向发展。县域发展是依托，更是载体，尤其是产业规划，因此要发挥各类产业园区的带动作用，带动农民就业，促进农民增收，通过科技化水平科学布局生产、加工、销售、消费等环节。同时，要完善联农带农机制，引导工商资本发挥自身优势，形成与农户在产业链上优势互补、分工合作的格局，带动农民增收致富。

（二）脱贫攻坚成果的巩固是重点

虽然我国已经打赢了脱贫攻坚战，但是巩固脱贫成果的任务仍然很艰巨，尤其是确保不发生规模性返贫的任务艰巨。巩固脱贫攻坚成果是乡村振兴的根本保障。防止返贫，监测机制是抓手。完善的防止返贫监测机制可以让我们在第一时间发现问题，并尽早干预和处理，从而使可能出现的危机在出现时就被消除。对于脱贫攻坚的成果，要不断优化、拓展和巩固，促进脱贫县加快发展形成强而有力的自身产业，使乡村各类特色资源应用即用，把资源的优势最大

限度地发挥出来,尤其是现阶段乡村的生态资源要充分利用,并且使之转化为生态产业,不断缩小城乡间的收入差距和发展差距。

(三)乡村建设行动是重点

满足农民群众对美好生活的需要是乡村建设的总方向,普惠性、基础性、兜底性民生建设被农村群众所关注。因此,乡村建设工作的主要目标应该放在以下三个方面。一是在农村基础设施现代化建设上下功夫。要把农村公共基础设施建设作为工作重点,尤其是涉及农村道路、清洁能源、供水保障、防汛抗旱、农房保障、农产品仓储、数字乡村等民生所需的设施建设。二是在农村人居环境改善上下功夫。要深入推进农村厕所、生活垃圾和污水的整治治理,乡村美化绿化工作也应被重视。此外,要保护乡村的特色文化和面貌;要针对乡土和地域特殊性,做好优秀传统文化的历史传承和保护;要挖掘乡村原有的风貌,使其与现代文化相结合,打造独具特色的乡村风貌。三是在农村基本公共服务高质量发展上下功夫。农村的教育、医疗卫生、社会保障、养老托育等基本公共服务的服务质量和服务水平一般低于城市,但随着城乡一体化的不断推进,可依托城市带动农村发展,从而形成衔接互补的一体化新格局。

(四)乡村治理是重点

乡村治理是乡村振兴和发展的根本保障,事关党在农村的执政根基和农村社会的稳定安宁。习近平总书记指出:"要加强和创新乡村治理,建立健全党委领导、政府负责、社会协同、公众参与、法治保障的现代乡村社会治理体制,健全自治、法治、德治相结合的乡村治理体系,让农村社会既充满活力又和谐有序。"(引自《习近平关于"三农"工作论述摘编》)因此,不断提高乡村治理体系和治理能力现代化水平,是乡村发展的重要任务。这就离不开农村基层党组织在乡村治理中发挥的重要作用。乡村基层党组织是乡村治理的领导者和引领者,是全面推进乡村振兴的总旗帜。不断健全党组织领导的乡村治理体系,尤其是要健全县乡村三级治理体系功能,抓好基层工作的政治引领和工作导向,强化党委抓乡村建设的职责,发挥村级组织基础作用,增强村级组织联系群众、服务群众能力。同时,要不断创新乡村治理方式方法,通过数字化、网格化、精细化,推进乡村治理的优化与创新。

(五)农村精神文明建设是重点

相较于城市在精神文明建设方面所做的工作和取得的成绩,农村在精神文明建设方面存在形式单一、载体平台少、相对滞后等问题。因此，要在工作方法上下功夫，探索适合统筹城乡精神文明建设融合发展的具体方法，借助村规民约、家教家风等，培育良好家风、文明乡风、淳朴民风，不断引导和强化农民的思想教育。同时，在农村公共文化产品供给上下功夫，结合农民群众对于农村乡土文化的深厚感情，增加富有农耕农趣农味、充满正能量、形式多样接地气、深受农民欢迎的文化产品供给量。此外，必须要划清传统礼俗和陈规陋习的界限，针对存在的一些问题，要想好解决办法，引导农民群众改变陈规陋习、树立文明新风。

（六）县域城乡融合发展是重点

与大中城市不同的是，从地域来看，县域打破了城乡分割格局，是实现城乡融合发展的核心关键点。从中央文件的政策导向来看，构建县乡村统筹发展的格局是必然趋势，因此，要将县级更多的资源进行整合和自主使用，从而促进县乡村统筹发展；要通过县域发展乡村产业，完善乡村基础设施、优化乡村公共服务；等等。总之，要以县域为载体，实现城乡就业、教育、医疗、养老、住房服务一体化；要以县域为桥梁，搭建起城乡之间双向流动桥梁，把县域打造成连接工农、融合城乡的重要纽带。

（七）宜居宜业的乡村建设是重点

建设生态宜居的美丽乡村是一项长期而艰巨的任务，要始终坚持乡村是为农民而建，为满足农民群众对美好生活的需要而建，要让农民群众在全面推进乡村振兴中有更多的获得感、幸福感、安全感。美丽乡村的建设不能采用"一刀切"的模式，而是要结合各地区地域特色、文化特色等，立足农民群众所需，进行合理规划，综合体现各地差异化，结合风土人情、社会风俗，求真务实、遵循农村发展规划，进行统筹推进，实现真正意义上的宜居宜业和美乡村建设。

建设生态宜居的美丽乡村是以习近平同志为核心的党中央针对中国特色社会主义发展进程所制定的长远规划中的一项重要内容。做好新时代"三农"工作，必须以美丽乡村建设为保障。

三、基本要求

从中央一号文件可以看出，乡村建设一直是我国社会发展过程中的重要内容。党的二十大报告中提出的建设宜居宜业和美乡村是对下一步乡村振兴过程中对于乡村建设方面的明确部署。由此可以看出，在新时代的进程中，建设美

丽乡村是乡村振兴战略实施过程中一项不可或缺的重要任务，必须结合乡村发展实际、直面乡村建设突出问题，破解难题，推进乡村建设迅猛发展。

一是从体制机制建设角度来看，需要做好三个方面的重点工作。首先是要加快城乡基本公共服务制度一体化设计、一体化实施，推动城乡公共服务供给内容与服务标准的统一衔接，持续促进城乡基本公共服务均衡发展。其次是从公共服务供给上，要大幅缩小区域基本公共服务差距，进一步加大对贫困地区、边疆地区和特殊困难地区的财政投入，建立定向援助、对口支援、区域合作等长效机制，促进区域基本公共服务协调发展。最后是从基本公共服务供给制度上，健全以流入地为主的流动人口基本公共服务供给制度，完善流动人口在常住地享有便捷均等服务的体制机制，推动基本公共服务常住人口全覆盖。

二是要在公共服务均等化上做好重点工作。提升公共服务均等化水平，要着力体现在持续保障和改善民生方面，加强基础性、普惠性、兜底性民生保障建设，在幼有所育、学有所教、劳有所得、病有所医、老有所养、住有所居、弱有所扶上取得实质性进展，使人民的获得感、幸福感、安全感更加充实、更有保障、更可持续。

第二节 推动农村公共服务高质量发展是高质量发展阶段的新命题

一、农村公共服务高质量发展是乡村振兴发展的根基

农村公共服务高质量发展是中国特色社会主义现代化建设进入新发展阶段的必然要求，是乡村振兴战略实现过程中重要而艰巨的任务。为加快推进农业农村现代化，就需要对农村公共服务高质量发展加以分析和研究。总体来看，农村的整体公共服务水平得到了很大的提高，但还有很多问题较为突出，与乡村振兴目标还有较大的距离。

随着城乡社会的不断发展和变迁，农民对于公共服务的需求已经从"数量与城市均等"转变为"高质量的城乡公共服务共享"。这表明农民群众的需求产生了很大的变化，所以在农村公共服务的供给方面，要立足农村发展现状和农民群众现实需求，梳理农村公共服务高质量发展的问题清单和行动框架，激发造血功能，助推农村现代化发展。

二、农村公共服务高质量发展是以人民为中心的发展

从本质上看，高质量发展是在新发展理念指导下的"以人民为中心"的发展。正如习近平总书记所指出的，高质量发展的最终衡量方式就是看其是否满足了人民群众对于美好生活的需要。国家发展的根本动力就是"以人民为中心"。"以人民为中心"要求将增进民生福祉作为公共服务高质量发展的根本目的。不得不承认，我们在农村公共服务事业的发展上还存在一些短板，尤其是城乡间存在的差异，因此"以人民为中心"发展农村公共服务，就要立足于缩小城乡差距，弥补民生短板，使农民群众可以享受到与城市居民同等的公共服务。"幼有所育、学有所教、劳有所得、病有所医、老有所养、住有所居、弱有所扶"不是一句口号，而是农村公共服务发展的目标和任务。

从几十年的发展和实践中可以看出，"以人民为中心"的理念得到了贯彻落实。党的十八大以来，我国农村公共服务取得了突飞猛进的发展。从国家统计局和中宣部、农业农村部、民政部、国家卫生健康委员会发布的数据分析：在公共投资方面，2018年国家财政在农林水方面投入21085.59亿元，较2007年增加5.2倍。在教育方面，农村教育方面的资金投入不断增加，并且实现了九年义务教育全面普及。在社会保障方面，建成了健全的农村医疗和社会保障体系，从数据上看，基本医疗保险覆盖超过13亿人，基本养老保险覆盖近10亿人。在公共服务设施方面，2018年底全国在54.2万个行政村共设62.2万个村卫生室，共有农家书屋58.7万个，村卫生室人员达144.1万人；农村饮用水安全、农村改厕工作同样取得了显著的成绩；全国行政村通光纤、通4G比例均超过98%，12316"三农"综合信息服务基本覆盖所有省份。农村最低生活保障标准和覆盖范围逐步提高，农村最低生活保障标准和覆盖范围逐步提高，据统计，2007年农村最低生活保障平均标准70元/（人·月），农村居民最低生活保障人数3566.3万人。根据国家统计局公布的《中华人民共和国2022年国民经济和社会发展统计公报》，截至2022年末，全国共有3349万人享受农村最低生活保障，435万人享受农村特困人员救助供养。农村最低生活保障平均标准提升为445元/（人·月），增长了近6倍。这充分说明国家在农村公共服务事业上所作出的巨大工作，都是以人民为中心、以满足农民群众生活所需为目的的。

第三章 农村公共服务领域存在的问题与挑战

第一节 我国农村公共服务存在的主要问题及原因

一、我国农村公共服务存在的主要问题

从2004年开始,中央一号文件已经连续20年关注农村问题,通过政策引导及财政的大力支持,农村公共服务的供给、设施建设及服务水平、服务条件都有了明显改善,农民的幸福感和获得感不断提升。但是从城乡间的公共服务发展来看,仍存在较大差距,问题仍然存在。

从总体上看,我国农村公共服务供给仍在继续完善过程中。从数量和结构来看,仍存在数量不足、结构失衡等问题,都需要进一步的改进与提升。数量不足的问题主要体现在对农村公共服务的财政投入比例无法满足农村地区的公共服务需求数量,也就是说,公共服务财政比例与需求比例存在偏差,这是乡村振兴实施过程中的"中梗阻",也对城乡公共服务均等化发展产生很大影响;而结构失衡是公共服务供需不匹配的问题,这个问题的出现是政府在提供公共服务过程中因为主观意愿提供公共服务,却没有了解透彻农村居民所需而导致的。由此可以看出,农村地区公共服务方面仍存在诸多问题需要解决,如供给的绝对数量不足、供给结构不协调等。

农村公共服务均等化是农村公共服务发展的必然要求和总基调,与之相对的一个重要要求就是基本公共服务均等化。一般而言,农村地区相对偏僻,公共服务供给水平较弱,特别是在教育医疗等方面存在问题。因此,应修建好学校,补齐后备医生。从农村的医疗服务来看,优秀的医生考虑更多的是个人发展问题,如晋升的空间是否大、工资待遇是否合理、有没有培训提升的平台等,这些都是优秀医生在选择就业地时会考虑的因素。因此,贫困地区很难吸引优秀医生。综合考虑来看,远程医疗技术更适用于贫困地区,而且越是偏远的地区，越需要利用现代信息技术，把优质的医疗资源通过信息技术手段在农村共享。此外，教育也是如此，通过信息技术等手段，实现优质的教育资源在农村的共享，可以解决部分农村教育资源不足等问题，从而提升教育水平。

以下，著者将从农村公共服务长期存在的老问题、新形势下出现的新问题两个方面分析其主要存在的不足。

（一）农村公共服务长期存在的老问题

1. 农村公共服务供给总量不足

农村养老问题是农村公共服务的最大短板。农村的老龄化程度较高，使养老问题成为非常突出的问题。在一些农村地区，围绕农村养老问题做了各种各样的尝试，如老人食堂、老人午餐等。从农村公共服务供给总量来看，其暴露出来的短板应该成为农村公共服务发展建设中需要被关注的内容，尤其要不断拓展农村公共服务的广度，并以此来确保农村公共服务的全覆盖。

2. 农村公共服务供给主体存在失衡

在农村公共服务供给中，政府是农村公共服务建设过程中的主要投资方，承担了以道路建设、基础设施建设、教育、就业、医疗等方面的公共服务资金投入，而社会及市场等主体的参与程度偏低。这将造成政府的财政负担加重，真正投入到农村公共服务的资金并没有办法满足农民群众对于农村公共服务的需求。以医疗支出为例，政府是医疗机构的监督和管理部门，但缺少市场和第三方等多元供给主体的积极参与，导致出现供给固化问题，具体表现为政府的财政压力大，无法提供农民群众所需要的公共服务。以医疗卫生支出为例，政府作为基层医疗机构的主要监督和管理部门，缺少对于农村基层医疗的现实了解，这就造成很大程度上资金投入仅用于基本公共服务需求，而对于实际上存在的隐形需求无法获知，更无法满足。此外，由于反馈渠道不畅通，政府对农村公共服务需求的反应速度慢，供给行为缺乏监管，形成了政府提供什么，农民群众接受什么的情况。资金的匮乏、监管的缺失、竞争机制的不健全，容易造成农村公共服务供给过程中出现短期效应，导致农村公共服务供给水平缺少延续性和持久性，无法满足农民群众的多元化需要。

3. 农村公共服务供给结构部分失调

农村公共服务供给结构是指在政府提供公共服务的过程中，结合农民的实际需要，对公共服务形成排序后，每一种服务占据的比例。由于农村教育、就业、医疗、养老等供给状况不同，从而形成了不同的供给结构。提供优质的农

村公共服务，是实现乡村振兴的重要内容。然而，当前农村公共服务供给结构仍存在部分失调问题。从农村教育的供给结构来看，农村九年义务教育是保障农村儿童享受公平教育资源的关键。但从现状来看，受教师待遇和编制等多重因素影响，农村九年义务教育方面的优质教师资源是较为稀缺的。而与农民需求程度相对较低的农家书屋等教育类基础设施，由于利用率不高等问题，较容易出现文化教育资源浪费的现象。

（二）新形势下出现的新问题

旧的问题还没有得到彻底解决，新的问题已经来临。在新发展格局下，农村发展面临着新的问题与挑战，尤其是在现阶段高质量发展的冲击之下，农村公共服务面临哪些新问题、新挑战，是需要我们仔细分析的。

1. 体制机制不畅制约新发展

这里的体制机制不畅主要是指公共服务参与主体、政府内部间的联动与融通机制存在不畅通的问题，尤其是政府各职能部门之间、政府与市场之间，以及社会组织之间的互联互通存在不畅通问题。农村公共服务高质量发展的关键是"高质量"，这就要求实施质量和效率共同发展的模式，也说明农村公共服务进入一个新的发展阶段后，需要新的治理模式。它需要构建多元协同的合作治理模式，综合利用多元化发展要素，协同社会多元力量，实现多元发展动力的有效组合和良性互动。实施这种多元化的发展模式，需要明确政府、市场、社会和农民在农村公共服务供给中各自的职责分工。权责清晰、各司其职是多元主体联动与融通的前提，直接影响着农村公共服务高质量发展的效率和效能。当前农村公共服务发展面临多元主体缺乏等一系列新问题，主要表现在以下两个方面。

第一，从政府层面来看，层级间、职能部门间权责不清、信息不畅通的问题凸显。农村公共服务的供给容易受到部门利益、政绩考核等因素的影响，尤其是以GDP增长指标作为绩效考核标准，容易导致地方政府在公共支出方面的侧重性，即更偏于收益本土化、投资回报快的生产性项目的相关基础设施建设。

第二，从制度和体系机制建设来看，农村公共服务的政策制度体系建设不足、激励机制缺位、社会参与农村公共服务建设动力不足，都是普遍存在的问题。政府作为农村公共服务质量建设与发展的主体，在引导社会参与的深度和广度方面，还有很多工作要做。此外，农民在农村公共服务高质量发展中的参与度不足、动机不足、参与意识薄弱也是突出问题。

2. 标准化体系建设不完善

标准化体系是公共服务建设过程中不可或缺的流程和标准，其建设能使农村公共服务质量实现量化，变为可考量、可评估、可考核的过程，为进一步规范农村公共服务流程、促进农村公共服务高质量发展提供可靠的指标体系。进入新发展阶段，农村公共服务标准化体系建设过程中暴露出很多问题，制约着农村公共服务的高质量发展。其主要表现在以下两个方面。第一，农村公共服务质量的部分标准缺失。当前，在国家基本公共文化服务标准指导下，各地区都已建立了关于农村公共服务产品供给数量、基础设施建设及相关资源保障的基础标准。例如，2018年12月，国务院下发《关于建立健全基本公共服务标准体系的指导意见》，明确了基本公共服务质量要求。然而，从这些标准中可以看出，农村公共服务标准化仅起到基础保障的作用。现阶段，农村已经进入高质量发展阶段，现行的供给标准等基础标准已经无法满足高质量发展的需要。

第二，标准化体系建设的普遍性与特殊性相分离。虽然各地在建立农村公共服务标准化框架过程中主要以中央政策作为指导，建立了与国家标准相统一的基本农村公共服务相关标准，但从具体实践可以看出，农村公共服务供给与农民对于公共服务的需求仍然有很大距离，因受区域、文化、传统、风俗、经济等多方面因素影响，农村对公共服务的需求具有差异性，而无差异化的公共服务供给容易导致"悬浮化"问题突出。因此，如何优化农村公共服务，实现城乡一体的公共服务发展，构建适合农村公共服务建设的体制机制，是农村高质量发展阶段的重要任务和目标。

3. 数字技术赋能动力不足

随着数字乡村建设的不断推进，政府以数字化手段开展乡村治理已经成为未来的发展趋势和主要手段，即以科技推动乡村振兴，推动农村公共服务体系建设。数字技术在农村公共服务建设的有效应用，有助于政府动态地精准识别需求信息，打破城乡发展壁垒，真正形成城乡公共服务共建共享的新格局，促进公共服务以供引需、供需互进的良性循环，提高农村公共服务质量。然而，从发展现状来看，虽然大数据、云计算成为农村公共服务高质量发展不可或缺的技术手段，但目前面临的平台化建设水平低、运用能力弱、资源支撑不足等一系列问题，严重制约着数字乡村建设的推进速度。数字技术赋能动力不足主要表现在以下三个方面。

第一，从平台建设来看，农村公共服务平台建设的数字化水平低、覆盖范围窄，且城乡在公共服务数字化建设方面存在明显差异。农村公共服务领域面临着诸多障碍,如在数据收集、分析和处理等方面存在不足,直接制约着农村公共服务供给效率的提升。

第二,农村的数据管理和应用能力较城市有很大差距。当前,在农村公共服务供给过程中,对大数据的应用基本处在数据存储阶段,很少对数据进行深入分析,数据资源很难获得有效分析和应用。从管理来看,规范标准缺失、管理能力不足、数据价值不高也是普遍问题。

第三,数字技术的应用缺乏足够的资源保障。从发展情况来看,农村的数字化建设还处于探索阶段,资金投入不足、技术应用效能低、专业人才匮乏等问题,都制约着农村公共服务的高质量发展。

4. 共享机制不健全

城乡公共服务共享与均等是推进城乡公共服务一体化发展的具体目标,这一目标的实现,需要以构建城乡公共服务共享与均等的有效机制为保障。农村公共服务已经迈入高质量发展阶段,但与发展相匹配的"共享"机制仍然缺失。其主要表现在以下两个方面。

第一,农民表达诉求和权利的机制仍不健全。所谓共享,是指农民群众有权利、有机会享受和城市居民相同的公共服务设施、服务项目和服务水平。在农村公共服务供给的实际过程中,农民表达个人需求、个人意愿的渠道并不畅通,表达权利要求和诉求的机制并不健全,这就直接导致农村在公共服务供给过程中的决策方式主要是"自上而下"的决策方式。而这种方式往往会导致农村公共产品供需的严重脱节。

第二,农民需求征询反馈机制不健全。反馈机制不健全主要表现在农民群众对于公共服务的需求无法被政府准确认知,也因此造成政府在公共服务供给上容易出现偏差,导致产生产品有效性不足的问题。也就是说,政府所提供的公共服务与当地实际情况关联度不高,最直接的表现就是虽然投入了很多资金,但是所取得的成绩并没有得到农民群众的认可。当然,这也与农村公共服务评价体系不健全有密切关系。目前,农村公共服务并没有建立起一套科学系统的评估体系,也就无法准确地对所提供的公共服务进行有效评价。由于农村信息技术化水平较低,现有的评价方式就是以农村居民投票为主,这种方式静态、单一且传统,是无法对公共服务质量进行持续有效的动态监管的。由此可以看出,农民诉求表达机制的不健全、需求反馈机制的缺乏及质量水平动态监测的缺失,在很大程度上影响和制约了农村公共服务共享机制的构建。

5. 供给总量不足与质量效益不高

供给总量不足主要有三个方面的突出表现。第一，农业基础设施供给不足，如水利设施陈旧、电网老化短路、农业技术和设施落后、部分地区的路面硬化没有达到国家要求的标准，互联网、物流及现代农业通信设施的建设速度满足不了农村发展的现实需要。第二，生活设施供给不足，饮水工程和生态治理的工作任务仍然艰巨。尤其是在新冠病毒感染疫情期间暴露出来的涉疫废弃物的处置问题非常突出。虽然厕所革命对农村的厕所进行了改造提升，但是冲水马桶在农村还没有完全普及，卫生条件和生活设施都稍显落后。第三，教育医疗和社保方面的短板依旧存在。从教育角度来看，农村学校整体设施设备投入不足，师资力量、师资水平和城市相比存在很大差距，信息化水平普遍偏低，教学质量明显低于城市。从医疗角度来看，看病贵、看病难的问题仍然存在；脱贫攻坚任务完成后，因病致贫、因病返贫的问题仍然存在。社保基金覆盖范围得到了很大的拓展，但保障基金调剂范围并不大；合作医疗虽然从一定程度上减轻了农民的医疗负担，解决了大部分农民的就医问题，但是财政投入并不能完全解决问题，住院医药费起付点还是相对较高的，可见，医疗保障功能还需进一步完善。

二、我国农村公共服务存在问题的原因分析

（一）从农村公共服务财政投入角度分析

从农村医疗投入来看，农村公共服务仍有短板和不足需要提升。根据《2022年我国卫生健康事业发展统计公报》《中华人民共和国2022年国民经济和社会发展统计公报》等统计资料，我国城市人均卫生经费支出是农村人均卫生经费支出的近3倍。从城乡间医疗投入比例来看，还存在着不均衡的问题。很多农民生病了也不愿意住院，其主要原因就是住院将产生高额的医疗费用。在实行新型农村合作医疗之前，农民都是自己花钱看病，若患重疾，高额的医疗费用很容易导致家庭陷入贫困窘迫的境地。虽然目前实行了新型农村合作医疗，但新型农村合作医疗本身也面临着多重难题。

第一，新型农村合作医疗的保障水平有待提高。由于筹措资金的方式较为单一、资金数额有限，虽然补偿水平每年都在提高，但从农村所需和农村公共服务发展来看，参加新型农村合作医疗的农民所享受到的实际保障水平还有进一步提高的空间。根据医保局关于2023年新型农村合作医疗缴费标准，个人缴

费从2022年的每人320元提高到350元，补贴610元，人均筹资标准共计960元。这是2023年新型农村合作医疗缴费的最低标准，各个地方可以参照这个标准适当上浮。同时，从报销比例来看，2023年新型农村合作医疗医药费报销的比例高达70%。这是2023年新型农村合作医疗最大的改善。但新型农村合作医疗在保障水平上仍有短板需要弥补，如新型农村合作医疗制度主要是以大病统筹兼顾小病理赔为主的农民医疗互助共济制度，因此在需要大额费用的大病面前，农民仍然面临着需要支付高额费用的难题。

第二，基层医疗机构人才匮乏，难以适应新型农村合作医疗发展进度。人才匮乏一直是乡村振兴过程中所面临的主要问题。造成专业人才匮乏的原因是多方面的。第一，从基础设施角度来看，工作条件差、生活环境不优越、医疗卫生技术落后等，无法满足吸引人才的基础条件。第二，从个人发展角度来看，由于受到编制待遇较低、发展空间受限等多方面因素影响，农村很难吸引到高水平的医疗专业技术人员。由此可以看出，乡镇卫生院人才匮乏、技术落后，医疗服务水平与农民的健康需求差距很大，一些农民的小病可能因延误治疗而转变成大病。

第三，尚未形成长效筹资机制。新型农村合作医疗按照个人缴费、集体扶持、财政补贴的方式进行筹资。从农民缴费角度来看，虽然很多农民通过勤劳致富，收入有很大幅度增加，但其参保意愿却并没有随着收入的增加而同比例地增长。2022年的两会上，农工党广西区委主委蒋和生透露，全国新型农村合作医疗参保人数每年都在以2%以上的比例递减。究其原因，主要还是新型农村合作医疗保险存在一些问题。首先，无论农民有没有用新型农村合作医疗看过病，账户的费用年底都会清零，这就会让虽然缴纳费用但并没有使用新型农村合作医疗的农民感觉不公平。其次，每年递增的费用让很多农民感觉到有压力。最后，新型农村合作医疗定点医院的诊疗费用增幅过大。从财政补贴角度来看，现阶段支持新型农村合作医疗的财政资金有限，并且形式以后续性为主，也就是说，农民缴费之后，才会给予一定的配套资金。

从农村教育投入来看，教育本是一种最基本的公共服务产品，是由国家统一分配和负担的。2022年12月，东北师范大学中国农村教育发展研究院发布了《中国农村教育发展报告2020—2022》，从这份报告中的数据可以看出，截至2021年，我国义务教育阶段的农村留守儿童有1199.20万人，与2012年相比减少1071.87万人，减幅达47.20%。可见，国家在农村教育上的投入力度逐年递增，尤其是在学前教育和义务教育阶段，乡村教育在各个方面都有了明显进步；但从调查结果也可以看出，在经费支出方面依然存在不均衡问题。

首先，从农村教育情况（表3-1）来看，"十年树木，百年树人"，足以说明教育的重要性和长期性。义务教育关乎整个国家的长治久安和长远利益，是全国性公共产品。一些地方推行资源合并、强弱联合的"撤校并校"，盲目推进"小学进镇，初中进城"，使原本紧张的农村教育资源变得更为紧张。

表3-1 农村教育情况

指标	单位	1995年	2000年	2005年	2010年	2012年	2015年	2020年	2021年
一、普通高中									
学校数	所	3112	2629	2180	1428	718	668	777	803
班级数	万个	2.3	2.9	4.0	2.9	1.6	1.5	1.9	2.1
毕业生数	万人	33.1	39.2	65.7	56.3	26.4	24.7	24.9	24.8
招生数	万人	44.7	64.4	88.0	56.7	29.2	27.0	34.6	37.5
在校生数	万人	113.2	157.8	233.7	162.9	83.4	77.0	90.5	98.9
专任教师数	万人	9.4	10.4	12.4	10.5	5.6	5.5	7.0	7.6
二、初中阶段									
学校数	所	45626	39313	36405	28670	19408	16991	14241	13521
班级数	万个	50.9	60.1	49.5	34.8	20.3	15.7	14.9	14.3
毕业生数	万人	684.6	903.8	975.1	617	364	235.3	208.9	207.4
招生数	万人	1017.3	1265.9	882.5	571.1	318.4	232.3	206.4	204.6
在校生数	万人	2659.8	3428.5	2784.7	1784.5	974.1	702.5	637.8	609.9
专任教师数	万人	149.9	168.2	153.4	127.2	97.4	64.5	55.6	53.5
三、小学阶段									
学校数	万所	55.9	44.0	31.7	21.1	15.5	11.8	8.6	8.2
班级数	万个	309.4	274.6	222.6	166.8	123.6	106.9	92.1	86.0
毕业生数	万人	1328.7	1567.6	1331.0	942.7	624.2	440.9	386.2	388.1
招生数	万人	1791.1	1253.7	1067.9	915.2	657.3	539.1	396.1	343.7
在校生数	万人	9306.2	8503.7	6947.8	5350.4	3652.5	2965.9	2450.5	2247.4
专任教师数	万人	382.7	367.8	356.9	319.1	216.3	203.6	178.7	169.8

注：1. 2011年，教育事业统计报表进行了全面改革，实施了国家统计局首次颁布的《统计用城乡划分代码》。新的城乡划分标准，将原来的城市、县镇、农村的三个分类调整为三大类七小类，即城区（含主城区、城乡接合部）、镇区（含镇中心区、镇乡接合区、特殊区域）、乡村（含乡中心区、村庄）。因城乡划分口径发生了变化，故城乡数据不与往年做

比较。

2. 完全中学的学校数和教职工数计入高中阶段教育，九年一贯制学校的学校数和教职工数计入初中阶段教育，十二年一贯制学校的学校数和教职工数计入高中阶段教育。

3. 本表数据来自教育部。

资料来源：国家统计局农村社会经济调查司.2022中国农村统计年鉴［M］.北京：中国统计出版社，2022.

从表3-1可以看出，1995—2021年，我国普通高中学校数量从3112所减少到803所；初中学校数量从45626所减少到13521所；小学学校数量从55.9万所减少到8.2万所。虽然这与农村人口增长率变慢、农村适龄儿童的数量有所减少有关，但"撤校并校"这一举措背后衍生出的一些问题难逃其咎。例如，在很多地方，父母在儿女小学阶段，为了节约路途成本等，选择让儿女到城镇学校寄宿住校。撤并农村中小学校，让更多的孩子不得已集中到乡镇、县区中小学求学。

其次，从农村居民家庭户主文化程度（表3-2）来看，农村法定九年义务教育在农村的现实推进中还存在问题。从文化程度的比例变化中，可以充分分析出农村教育仍有很多短板和不足需要解决。

表3-2 农村居民家庭户主文化程度

指标	2013年	2015年	2020年	2021年
未上过学	4.7%	3.8%	3.4%	2.7%
小学程度	32.3%	30.7%	32.3%	28.9%
初中程度	51.0%	53.1%	51.3%	54.6%
高中程度	10.7%	11.1%	11.2%	11.7%
大学专科程度	1.2%	1.2%	1.6%	1.7%
大学本科及以上程度	0.2%	0.2%	0.2%	0.3%

注：本表数据来源于国家统计局住户收支与生活状况调查。

对比表3-2中2013年和2021年的数据可以看出，未上过学的农村居民家庭户主从4.7%降到2.7%，上过小学的农村居民家庭户主从32.3%降到28.9%，上过初中和高中的农村居民家庭户主所占比例有所提升。大学本科及以上的农村居民家庭户主所占比例仅从0.2%上升到0.3%。可见，农村教育问题还没有得到根本解决。

从农村基础设施投入来看，经过长期发展，我国形成了城乡相对独立的基础设施供给体系。城市实行的是政府主导的基础设施供给制度，无论是从数量上还是从质量上都优于农村基础设施。党的二十大报告中明确指出，全面推进乡村振兴，坚持农业农村优先发展。基础设施建设作为推动乡村振兴的基础和根本，是激发全面推进乡村振兴的强劲动能。

从历史发展角度来看，长期的"二元体制"导致我国很多优质的公共资源向城市倾斜。相对而言，农村的公共基础设施的历史欠账比较多，主要表现在三个方面。第一，在提出农业高质量发展这一任务下，相对存在着基础设施较为老旧的问题，对于农业高质量发展的支撑力欠缺。第二，"一刀切"的基础设施建设很难满足不同地区农民所需。因此，要因地制宜保障农村基础设施建设投入。之所以强调因地制宜，是因为我国农村地区地形复杂、文化和传统各有不同，不同地域、不同地区的农民对于基础设施的需求各不相同。第三，一定程度上，物联网发展不完善、城乡间商贸物流体系的二元分离、信息鸿沟等制约了农村基础设施建设，间接导致城乡发展差距拉大的现实。因此，要结合农村实际，重新统筹、规划、布局。

（二）从农村公共服务政策角度分析

在实现乡村振兴的道路上，还有很多工作要做，还有很多任务要完成。而做好各项工作的首要前提，就是将农村公共服务政策作为发展的支持。2018年9月，中共中央、国务院印发了《乡村振兴战略规划（2018—2022）》，这是我国第一个在全面推进乡村振兴战略过程中提出的五年规划，其中专门把增加农村公共服务供给作为重点内容。这些重点内容专门针对农村公共服务的短板和弱项，并提出了明确的发展和建设要求。经过五年的发展，农村在公共服务政策指引下，已经有了长足的进步。但不容忽视的是，仍存在一些短板和弱项，需要进一步提升。例如，从农村公共服务供给制度建设来看，农村公共服务供给比例应根据农村在公共服务发展过程中所产生的变化进行及时调整，应针对现阶段的突出问题灵活地调整。再如，从农村公共服务规划政策角度来看，应结合乡村建设整体规划进行全面部署和统筹安排，从而使农村公共服务的供给与农村发展相结合。

（三）其他原因

1. 城乡二元结构体制存在局限性

党的十八届三中全会通过的《中共中央关于全面深化改革若干重大问题的决定》中指出，城乡二元结构是制约城乡发展一体化的主要障碍。必须健全体制机制，形成以工促农、以城带乡、工农互惠、城乡一体的新型工农城乡关系，让广大农民平等参与现代化进程、共同分享现代化成果。因此，在推进城乡一体化过程中，要逐步解决城乡二元结构中表现出来的突出问题和主要障碍，从而形成城乡发展一体化新格局。

实现城乡发展一体化是我国农村发展的必然结果，是我们为之努力的主要发展方向。农业是人类发展的重要产业支柱，农村是人类发展的基本区域之一；工业也是人类发展的重要产业支柱，城市同样是人类发展的基本区域之一。因此，从逻辑关系来看，农村和城市存在着必然和有机的联系，两者相互影响、相互依赖，属于并存关系。农村离不开城市的辐射和带动，城市同样离不开农村的供给和支撑。因此，城乡发展一体化，就是要将城市和农村互联互通，形成一个统一的有机整体，充分发挥各自优势，实现统筹、综合、协调发展。

推进我国城乡发展一体化的主要障碍是城乡二元结构。所谓城乡二元结构，就是在体制机制和制度上，从身份上将城镇居民和农村居民作出划分，使其成为两个完全不同的主体。在户籍制度方面，户口在性质上分为农业户口和非农业户口，农村居民被登记为农业户口，城镇居民被登记为非农业户口，农业户口不能自由转换为非农业户口。这种对主体的不同划分，造成在公共资源配置和基本公共服务等方面，城镇居民和农村居民存在很大差异。由于社会和经济发展的进程和速度不同，农村居民在公共服务资源和所享受的公共服务方面明显落后于城市居民。在这种二元户籍制度下，大量进城务工的农民虽然居住在城市、工作在城市，但是因为身份的限制并不能完全享受和城市居民相同的公共服务。另外，从财政投入来看，政府财政投入明显倾向于城市建设，对农村公共设施建设、义务教育、公共文化服务、社会保障的投入远低于城市，农村低保标准、合作医疗补助标准、社会养老保险补助水平也明显低于城镇。城乡二元结构的长期存在，导致城乡公共服务资源分配不均，城乡间的生产要素和资源要素很难做到平等交换，城市没有带动农村发展，农村因自身能动力不足而发展严重滞后，城乡差距便被越拉越大。因此，缩小城乡差距的关键是破除以城乡分割为特征的城乡二元结构，从根本上落实城乡发展一体化这一目标。全面深化改革的关键点，也是要健全体制机制，破除城乡二元结构，形成以工促农、以城带乡、工农互惠、城乡一体的新型工农城乡关系，实现城乡发展一体化。

2. 农民需求表达不畅

农民需求的表达方式主要分为主动表达和被动表达。其中，被动表达是指农民以逃避甚至消极的态度，对于自己急需的公共服务选择不表达，就算自己对政府提供的公共服务不满意，也选择听之任之、默认接受。这是一种单向接受而非双向互动的服务供给方式。因为农民长期选择不主动表达公共服务需求，即使基层政府选择通过调研或者座谈等方式调查民意，他们也更倾向于没有任何风险的逃避需求表达，或者接受劝说诱导后听之任之，鲜少表达自己的真实想法。

表达无效是农民需求表达不完备的另一种表现。表达无效主要表现为需求表达失真与表达无力。表达失真可分为两个方面。一方面是主动失真，也就是说，农民不愿意说出自己的真实想法。另一方面是"惯性"失真，即由于传统思维模式，农民习惯于做自己该做的事，而不去想要表达或者要求，从而缺乏对各方面资源的主动需求表达。此外，我国农民虽然在人数上占有绝对的优势，但由于大部分都处于分离散居的状态，在组织化方面处于劣势地位，尤其是以往那些具有一定政治地位和经济实力，能够代表农民群体发声的"精英"大量流入城市，致使农民公共服务需求表达无力成为一种常态。

3. 需求表达组织化程度较低

影响农民公共服务需求表达能力的另一个重要因素是农民的组织化程度。个体的需求表达往往易受各种主客观因素的干扰，且表达零散细碎，不具有代表性。组织化的表达则具有相对明显的优势，组织人数众多，表达的影响力强，使个体的需求通过集体组织不断递送到各级决策机构，有利于个体权益的实现。虽然我国的经济发达地区先后成立了相关的农村经济合作组织，取得了一定的成效，但从全国范围来看，我国农民的组织化程度仍然处于较低的水平，农民群体需求表达的组织数量较少且质量不高，难以发出有影响力的呼吁，这在一定程度上对农村公共服务需求表达机制的健康运行造成阻碍。

第二节　我国农村公共服务面临的挑战

一、聚焦新发展阶段对农村公共服务提出更高要求

2021年1月4日发布的《中共中央 国务院关于全面推进乡村振兴加快农业农村现代化的意见》中提出，要全面推进乡村振兴，加快农业农村现代化。这是21世纪以来第十八个指导"三农"工作的中央一号文件。从该文件内容可以看出，在新的发展阶段，农业农村问题是事关国家发展的战略性、全局性问

题,党中央对此高度重视。之后,国家乡村振兴局正式成立,这也预示着农村工作的重点从精准扶贫转向了乡村振兴。乡村振兴战略作为党的十九大提出的我国全面建成小康社会必须实施的战略部署,是党中央从国家发展的全局角度出发所作出的重大决定,是新时代"三农"工作的总抓手和落脚点。

新时代,我国的社会主要矛盾是人民日益增长的美好生活需要和不平衡不充分的发展之间的矛盾。而发展最大的不平衡表现在城乡的不平衡,最突出的不充分是农业农村发展的不充分,因此,迫切需要补齐农业农村短板弱项,加快消除不平衡不充分。

实施乡村振兴战略的时间表和目标任务,是根据"两个一百年"奋斗目标的进程而设计的。根据党的十九大报告要求,乡村振兴战略要到2020年取得重要进展——制度框架和政策体系基本形成,到2035年取得决定性的进展——农业农村现代化基本实现,到2050年实现乡村全面振兴——农业强、农村美、农民富全面实现。通过乡村振兴,让农业成为有奔头的产业,让农民成为有吸引力的职业,让农村成为安居乐业的美丽家园。

党的十九大报告明确要求,推进实施乡村振兴战略,必须坚持农业农村优先发展方针,建立健全城乡融合发展的体制机制和政策体系,实现五个"振兴",即乡村产业振兴、乡村人才振兴、乡村文化振兴、乡村生态振兴和乡村组织振兴。党的二十大报告强调,"加快建设农业强国,扎实推进乡村产业、人才、文化、生态、组织振兴",在党的十九大报告的基础上,再次强调了农村工作的重要性,以及实现五个"振兴"的重要意义。

通过多年的努力,乡村振兴战略已经取得了阶段性的成果,新时代脱贫攻坚目标任务如期完成,现行标准下农村贫困人口全部脱贫,贫困县全部摘帽,消除了绝对贫困和区域性整体贫困,乡村振兴制度框架和政策体系已经基本建成,农村同步实现全面建成小康社会的历史性目标已经完成;现代农业建设取得了重大进展,乡村振兴实现良好开局;农村人居环境明显改善,农村改革向纵深推进,农村社会保持和谐稳定,创造了人类减贫史上的奇迹。特别是近几年我国面对诸多风险挑战,如中美贸易摩擦、新冠病毒感染等,使我国经济和社会发展面临巨大的考验和冲击。乡村振兴战略的扎实推进,为我国战胜这些艰难险阻、稳定经济社会发展大局发挥了"压舱石"的作用。

随着第一个百年奋斗目标的如期完成,我国已经正式开启第二个百年奋斗目标的伟大征程,即进入全面建设社会主义现代化国家的新发展阶段。党的十九届五中全会立足统筹国内国际两个大局、办好发展安全两件大事,明确要求加快构建以国内大循环为主、国内国际双循环相互促进的新发展格局。在新发展阶段构建新发展格局的历史背景下，必须立足国内国际两个大局来认识、把握乡村振兴的历史方位和战略定位。

从中华民族伟大复兴战略全局看，民族要复兴，乡村必振兴。全面建设社会主义现代化国家，最艰巨最繁重的任务依然在农村，最广泛最深厚的基础依然在农村，必须加快解决发展不平衡不充分问题，补齐农业农村短板弱项，推动城乡协调发展。从构建新发展格局来看，把战略基点放在扩大内需上，潜力后劲在"三农"，迫切需要扩大农村需求，畅通城乡经济循环。在构建新发展格局进程中，农村可利用的空间、可投资的领域、可激发的动能巨大。全面推进乡村振兴，要使农村基本具备现代化生活条件。农村蕴含着数亿人口的消费体量，蕴藏着万亿级别的商业市场，孕育着不可胜数的投资机会。当前，1名城镇居民消费水平大体相当于2名农村居民，13个常用耐用消费品中，城镇居民每百人拥有的家用汽车、微波炉、吸油烟机、空调、计算机仍是农村居民的1～2倍。据测算，"十四五"期间，伴随农民收入的增长，全国农村商品消费总额将达到45万亿元，比"十三五"时期高出15万亿元。为充分发挥我国超大规模市场优势、畅通国内大循环，必须加快补上农村基础设施和公共服务短板，打通城乡经济循环的堵点卡点痛点，释放农村巨量的消费和投资潜力。当然，也要清醒地认识到，我国发展最大的不平衡不充分问题仍然在农村，促进共同富裕的最艰巨最繁重任务仍然在农村，实现人的全面发展和全体人民共同富裕仍然任重道远。在现代化进程中，不能把"三农"落下，这是必须处理好的关系国家现代化全局的重大问题。"三农"问题始终是贯穿我国现代化建设和实现中华民族伟大复兴的基本问题。我们要始终坚持把解决好"三农"问题作为全党工作的重中之重，始终把"三农"问题放在历史长河中去审视和思考，学习借鉴世界现代化进程中的成功经验，吸取一些国家堕入"中等收入陷阱"的惨痛教训，尊重城乡发展和乡村演变规律，把握好乡村建设的时度效，保持历史耐心，久久为功、绵绵用力，确保乡村振兴行稳致远，推动农业农村现代化迈出新步伐。

2021年中央一号文件为新发展阶段全面推进乡村振兴确立了目标、指明了方向。其核心要点可概括为一个总体要求、两个基本底线、三个推进重点。总体要求：促进农业高质高效、乡村宜居宜业、农民富裕富足。两个基本底线：坚决守住脱贫攻坚成果，牢牢把住粮食安全主动权。三个推进重点：加快推进农业现代化，大力实施乡村建设行动，加强党对"三农"工作的全面领导。

在推进农业现代化进程中,要注重农业的三大功能效能。一是产品供给,要将提升粮食和重要农产品供给保障能力作为重点任务去抓;二是生态屏障,农业生态服务功能是农村的特色优势,充分发挥农村生态优势,依托农村生态资源建立美丽中国的"生态屏障";三是文化传承,农耕文明、乡土民俗是农村的传统文化,要深入挖掘和发扬。

2021年中央一号文件中首次提出加快县域内城乡融合发展,具有深远意义。将县域作为城乡融合发展的重要切入点,统筹县域产业、基础设施、公共服务、基本农田、生态保护、城镇开发、村落分布等空间布局,强化县域综合服务能力,把乡镇建设成为服务农民的区域中心。这充分体现了党中央推进以人为核心的新型城镇化的新战略新要求。

2022年中央一号文件是在新冠病毒感染疫情肆虐的背景下发布的。在这个世界经济面临危机、气候变化充满挑战、国民经济发展任务繁重的敏感而脆弱的关键期,"三农"工作更加凸显重要性,因此,该文件的核心内容就是要确保农业稳产增产、农民稳步增收、农村稳定安宁。尤其是在农业稳增产方面有两个关键词,即粮食结构和产量。就我国现在主产粮食结构而言,必须调整稻谷、小麦、玉米、大豆的生产结构,如扩充大豆和油量,解决进口依赖问题,将农业的增产导向转变为提升质量,解决老百姓怎么才能吃得好的问题。从粮食产量来看,种子安全、播种面积、化肥等每一项都十分关键,习近平总书记始终强调,只有用自己的手攥起中国种子,才能端稳中国饭碗,才能实现粮食安全。可见,种子就是农业的"芯片"。

二、新冠病毒感染疫情对我国农村公共服务的影响

新冠病毒感染疫情是检验"三农"工作成效的试金石。农村地区作为疫情防控的重要组成部分和薄弱环节,必须在统筹好疫情防控工作的同时,抓好经济改革发展,巩固脱贫攻坚各项工作成果。2020年2月3日,习近平总书记在中共中央政治局常委会上指出,要聚焦攻克脱贫攻坚战的最后堡垒,结合推进乡村振兴战略,以疫情防治为切入点,加强农村人居环境整治和公共卫生体系建设。2020年中央一号文件指出,2020年"三农"工作的两大重点任务是打赢脱贫攻坚战和补齐全面小康"三农"领域突出短板。

农村基础设施供给与现代农业发展需求不匹配,公共服务供给不能满足农民对美好生活的向往,一直是"三农"领域的主要短板。在脱贫攻坚时期,农村交通、电力、通信、水利等基础公共服务设施设备不断完善,农村基础设施

供给的短板在一定程度上得以弥补。农村公共服务以教育、医疗卫生服务、社会保障、公共文化服务和人居环境整治五大内容为重点。在疫情之下，公共服务体系，特别是公共医疗卫生服务体系的短板被显著凸显。

（一）存在的突出问题

1. 农村人力资源快速流失，公共服务人才严重短缺

人才是第一资源，为农村服务的人才是完善农村公共服务体系的重要力量。但通过农村在疫情防控过程中暴露出来的问题可以看出，人才的缺失是农村存在的一个严重问题。其主要表现在不少村"两委"（村党支部委员会和村民委员会）的成员数量为5人左右，且年龄普遍偏大，可以参与疫情防控工作的人员数量很少。从农村地区公共服务基础条件来看，不论是在软件还是在硬件环境方面，都面临着村干部和专业人才匮乏的问题。

城乡融合发展过程中，农村青壮年劳动力大多选择外出打工，农村剩余人口大多为老弱病残幼，可以补充农村干部队伍的人力资源有限，村干部的持续再生产机制受到一定的破坏。在教育、医疗等公共服务领域，由于工资低、条件差等原因，农村往往留不住专业人才。

2. 农村公共服务总量不足，软服务比硬设施更短缺

在基础设施建设和公共服务数量方面，农村远低于城市，软服务比硬设施更短缺。在新冠病毒感染疫情影响下，这种情况被进一步凸显。

（二）公众对于公共服务的需求

据疫情防控期间相关调研结果，公众对于农村公共服务的需求是进一步提升农村公共服务建设水平，切实提高农村公共服务质量，充分发挥民间力量参与农村公共服务。可见，农村公共服务的重点应放在软硬件相结合、以需求为导向、注重社会力量参与上。

1. 软硬件相结合，将农村公共服务作为投资重点

农村公共服务不能重硬轻软，应当软硬两手抓，避免同其他工作割裂开来；应该系统谋划、协同发展，围绕人民群众的切实需求，设计服务内容，盘活用好硬件基础设施；应将农村义务教育、医疗卫生服务、社会保障、公共文化服务及环境整治等作为投资重点，持续加大投入力度，增加农村公共服务有效供给总量。

2. 以需求为导向，摒弃形式主义的农村公共服务建设

农民是农村公共服务的主体，因此，要充分尊重农民意愿，发挥农民的积极性，使公共服务落到实处、取得实效；要以农民的需求为导向，提高公共服务水平，改善公共服务质量，实现农村基本公共服务从有到好的转变；要建立协调、监督和评估机制，对服务行为和效果进行科学管理、合理评估。

3. 注重吸引社会力量参与公共服务

农村公共服务建设的社会效益重于经济效益。为此，应在梳理好资源优势的前提下，做好乡村产业规划，同时创新农村公共服务投资、建设、运维模式。通过以奖代补、民办公助、政府购买服务等方式，加大对社会资本投资项目的支持力度，综合运用财政、土地、金融、税收等政策手段，发挥政策综合效应，创新政策落实路径，吸引优秀人才为"三农"发展建言献策，为乡村振兴输出新思路、大魄力，构建支持社会资本投入乡村振兴的政策体系，融合一二三产业，完善乡村产业发展与生态建设体系，健全乡村振兴公共服务体系。

第三节　值得思考与分析的问题

站在实现"两个一百年"奋斗目标的历史交汇点上，全面建设社会主义现代化国家新征程已经开启。目前，我国已进入高质量发展阶段，社会主要矛盾已经转化为人民日益增长的美好生活需要和不平衡不充分的发展之间的矛盾。在新发展阶段，需要对农村公共服务进行新的思考，其中包括：如何提升公民获得感和幸福感？如何补齐民生短板？新形势下如何转变发展思路、探索发展新路径？如何使农村公共服务与农民满意度相契合？这一系列的问题都值得思考和研究。

一、如何提升公民获得感和幸福感？

2018年，习近平总书记就浙江扎实推进"千村示范、万村整治"工程作出重要指示："让广大农民在乡村振兴中有更多获得感、幸福感。"乡村振兴工作涉及农业、农村和农民，涉及农民生活和生产的各个领域，因此，在农村振兴的发展建设过程中，首先要考虑的是农民满不满意，以及如何提升农民的获得感和幸福感。

（一）提高农民收入，让农民过上更好的日子

习近平总书记指出："要推动乡村产业振兴，紧紧围绕发展现代农业，围绕农村一二三产业融合发展，构建乡村产业体系，实现产业兴旺，把产业发展落到促进农民增收上,全力以赴消除农村贫困,推动乡村生活富裕。"乡村振兴,产业兴旺是重点。只有产业兴旺,农民收入才能稳定增长。有的地区在农业振兴中,不断健全乡村产业体系,推进产业链、价值链建设,从而形成了从田间到餐桌的现代农业全产业链格局,极大地拓宽了农民的收益渠道。

提高农民收入,让农民的钱包鼓起来,是让农民过上更好的日子最直接的方式。在促进农民持续增收、进一步缩小城乡居民收入差距方面,主要通过产业振兴增收入,同时要采取扩大就业的方式增收入。从近年来粮食生产情况来看,粮食生产取得了连年丰收的好成绩,粮食总产量稳定在0.65万亿公斤以上。虽然新冠病毒感染疫情给农业农村发展带来了诸多难题,但是并没有影响夏粮、早稻双双增产,秋粮增产趋势明显,夺取全年粮食丰收有良好的基础。2021年1月13日,在国务院新闻办召开的新闻发布会上,农业农村部副部长刘焕鑫就全面推进乡村振兴的有关情况进行了介绍:2018年以来,每年发展高效节水灌溉2000万亩以上;到2020年,已建成高标准农田8亿亩。数据表明,14.12亿中国人的饭碗已经牢牢端在了自己手上。此外,农业现代化建设力度不断加大,科技支撑明显增强,农业科技进步贡献率超过60%,农作物耕种收综合机械化率达到71%,化肥农药施用量连续4年负增长,农产品加工产值与农业总产值比值提高到2.4∶1,乡村旅游、农村电商等新产业新业态蓬勃发展。这些取得的成绩为农业高质量发展奠定了坚实的基础。同时,脱贫攻坚也取得了全面胜利。9899万农村贫困人口全部脱贫,历史性地解决了农村绝对贫困问题,这个成绩在全世界都是瞩目的。从脱贫攻坚转向乡村振兴,国家建立了防止返贫动态监测和帮扶机制,对认定的500多万易返贫致贫人口进行精准帮扶、动态清零,坚决守住不发生规模性返贫的底线。

如何通过产业增加农民收入、通过吸引人才推进乡村振兴、通过高质量生产提高收入,成为下一阶段农村提高农民收入要关注的重点领域和重点内容。

(二)建设美丽乡村,优化人居环境,提升幸福感

"绿水青山就是金山银山。"良好的生态环境是农村的最大优势和宝贵财富。农村环境关系农民的生活品质,也是农村长远发展的基础条件。在很多地方,农村脏乱差的现象得到明显改善,打造了一批农村人居环境整洁和美丽宜居乡村的示范样板,开展了生态旅游、农家乐等项目,进而引发城市人才反哺乡村,形成良性循环。

陶渊明在《桃花源记》中这样描绘:"土地平旷,屋舍俨然,有良田、美

池、桑竹之属。阡陌交通，鸡犬相闻。"这令人神往、景色宜人的人间仙境就是美丽乡村建设的样板。近年来，国家提出坚持生态优先，以绿色发展引领乡村振兴，让绿色成为乡村振兴的"底色"，把农村人居环境整治作为乡村振兴的第一场硬仗，实现乡村振兴与生态环境保护双赢，努力建设产业强、农村美、农民富、生态好的新时代美丽乡村。

人居环境改善是实现物质提升和发展农村基本公共服务的基础条件。其表现在多个方面，如道路的完善——从泥泞的泥土道路到宽阔的水泥路面，住房条件的改善——从泥瓦房到高起的砖瓦房，从无到有的公共娱乐设施，等等。这一系列的变化直接体现了美丽乡村建设的成果。

二、如何补齐民生短板？

习近平总书记强调，要坚持在发展中保障和改善民生。必须多谋民生之利、多解民生之忧，在发展中补齐民生短板。那么，如何在发展中补短板、惠民生呢？

从农村发展建设来看，发展中仍存在差距和短板，尤其是在教育、医疗、就业、养老等涉及公共服务和民生方面。我们要守好底线，必须承认实现城乡均等化还有很长的路要走；要从整体布局考虑，充分认识到乡村振兴是全局性发展战略，涉及农村社会、经济、文化、社会治理各方面；要充分考虑农村主体地位，发挥农民的主观能动性。

满足人民日益增长的美好生活需要是我们的奋斗目标。因此，在这个目标要求下，所要做的就是努力朝高质量发展方向迈进。党的十九大报告增加了重要的民生内容，体现了中国共产党对于全体中国人民民生发展建设的重视程度及为之作出的巨大努力。党的十九大报告在"学有所教、劳有所得、病有所医、老有所养、住有所居"的基础上，增加了"幼有所育""弱有所扶"，这就把中国农村公共服务的内容进一步拓宽了。党的二十大报告指出，我们深入贯彻以人民为中心的发展思想，在幼有所育、学有所教、劳有所得、病有所医、老有所养、住有所居、弱有所扶上持续用力，人民生活全方位改善。所谓"全方位"，是指在广度和深度上进行了拓展。从广度上看，群体的覆盖面更广，幼儿、青年、劳动者、老年人、社会各类弱势群体等成为重点关注的人群。从深度上看，提出了增进民生福祉的新举措。例如，就社会保障体系而言，党的十九大报告指出，"全面建成覆盖全民、城乡统筹、权责清晰、保障适度、可持续的多层次社会保障体系"；党的二十大报告在此基础上提出，"健全覆盖全民、统筹城乡、公平统一、安全规范、可持续的多层次社会保障体系"。

三、新形势下如何转变发展思路、探索发展新路径？

所谓新形势，可以理解为新发展阶段对于农村发展的新要求和新目标。以数字技术赋能农村公共服务发展成为现阶段的新命题。因此，要依托并高效利用数字技术的数据资源，推动农村公共服务高质量发展。在数字技术推动下，基层政府可以打破相互存在的时空壁垒，实现跨部门、跨层级的数据信息识别、分析、预判，并以此为基础精准施策，这样，既能提高农村公共服务的公平性和效率，又能有效促进基层政府各部门的决策沟通和协同互动，从而进一步提升公共服务供给的质量和效率，提高农民对于农村公共服务的满意度。此外，鉴于数字技术的延伸拓展性，可运用数字技术拓展社会主体、市场主体参与公共服务供给的渠道，真正实现社会资源向农村倾斜，同时最大限度地减少因信息不对称造成的农村公共服务效率低等问题。

从实践经验来看，利用依托互联网和大数据的教育、医疗等公共服务平台，可以有效打破地区间、城乡间的差距壁垒，实现高质量公共服务的推广和应用，真正实现跨区域、跨城乡的公共资源合作和共享。未来，以大数据为支撑的城乡一体的公共服务资源共享机制建设将会是农村公共服务发展的重点，其主要包括以下两方面内容：一是规范数字技术在公共服务领域的合理和有效使用，尤其是部门之间，要建立统筹协调的数据共享机制，通过标准化建设明确责任和流程，打通市场、公众需求及公共服务决策之间的沟通渠道；二是法治化建设有助于数据资料在开发与使用过程中的规范化，尤其是在数据隐私保护制度和安全审查制度建立健全后，信息保护力度仍不断加大。

四、如何使农村公共服务与农民满意度相契合？

服务型政府首先应该做到让人民满意，因此，在服务型政府建设过程中，要树立为人民服务的服务理念，履行服务型政府职能，着力解决人民群众关心和关切的实际问题。

研究这一问题，需要从两个角度着手。从农村公共服务的发展来看，更应该思考的是农民需要什么样的公共服务、如何提供让他们满意的公共服务？从农民满意度角度来看，应该思考的是农民对于公共服务的要求究竟是什么？

首先是优质公共教育资源向农村倾斜。从农村的整体教育水平和教育资源来看，薄弱环节在公共教育上。如何提升农村公共教育质量？这就离不开城乡

公共服务均等化，尤其是要从政策倾斜、资源配置和制度体系建立健全等方面去考虑。一是充分考虑基础教育学校的分布和布局，让学生就近可以享有优质的教育资源，尤其是对于贫困地区的义务教育学校，要在基本办学条件方面做好充分保障，如对于有寄宿条件的学校，要加强基础设施建设，从而提升农村的整体教育水平。同时，要在县域校际资源均衡配置上下功夫。从农村儿童早期教育、学前教育来看，要实现每个乡镇配有中心幼儿园，并且要健全学前教育公共服务网络设施。高中阶段教育也是农村教育的重要内容，因此对于高中的普及水平提升要提出更高要求。为了使更多的孩子可以享受到更优质的教育资源，教育信息化建设也应成为提升农村公共教育质量的主要内容。二是要建立健全教师管理体制，确保城乡一体化，对于偏远地区的农村教师，要给予相同的甚至更有倾斜性的编制。对于促进农村教师的薪资增长、职称评聘机会，要有额外的考虑。除了编制和待遇，为了促进教师资源共享，发挥优质教师的辐射带动作用，使教师合理有序地流动，必须建立健全城乡教师流动管理机制。三是在职业教育方面，要充分考虑农村职业院校布局结构，对于县级职业教育院校要重点建设，并充分满足乡村产业发展和全面振兴需要，有针对性地设置相关专业和课程，从而不断提升农村整体教育水平和综合素质。

其次是优质公共医疗卫生资源向农村倾斜。从整体资源配置来看，城市拥有雄厚的医疗实力，不论是医疗机构还是医疗资源配置，都很齐全；而农村公共医疗卫生服务供给水平低，医疗资源短缺，医护相关专业人才短缺，医疗设施整体落后。农村发展必须以公共医疗卫生资源作为保障，城乡之间在公共医疗卫生资源方面的巨大差距需要及时得到改善。一是从立法角度完善农村公共医疗卫生资源配置。通过制定一系列相关法律法规，保障资源合理配置。二是建立完善城乡一体化的医疗卫生保障体系。通过城乡一体化的医疗卫生保障体系，农民可以享受到与城市居民相同的医疗服务和医疗保障。三是加大农村社区卫生机构建设力度。引进与城市相同的医疗设备，培养高素质的医护人员。农村对于医学类大学毕业生不具备吸引力，从而导致出现农村医护人员短缺的问题。解决这一问题的方式有很多，包括政策吸引、增加城乡医护人员交流机会、以对口支援等形式使城市医院医生定期或不定期对农村医院进行指导等。

最后是社会保障对农村的全覆盖。从我国农村社会保障不断改革和完善的过程中可以看出，农村社会保障水平在不断提升，但与农民的现实需求还存在很大差距。2019年3月8日，习近平总书记在参加十三届全国人大二次会议河南代表团审议时指出，要"完善城乡居民基本养老保险制度和基本医疗保险、大病保险制度，完善最低生活保障制度，完善农村留守儿童、妇女、老年人关爱服务体系"。从习近平总书记的讲话中可以看出，完善基本养老保险制度、基本医疗保险制度、大病保险制度、最低生活保障制度等，是农村社会保障的重点工作和任务。农村的发展任重而道远，要从多方面入手实现社会保障在农村的全覆盖。一是从农村养老保险制度入手，建立多种形式相结合的新型农村社会养老保险，如个人缴费、集体补助、政府补贴相结合，社会统筹与个人账户相结合，家庭养老、土地保障、社会救助相配套。从中青年农民入手，通过相关激励机制鼓励和引导农民参保。此外，要对失地农民给予有针对性的养老基金，弥补保障缺位问题。二是从农村最低生活保障制度入手，构建城乡统筹的社会救助体系、农村低保制度、低保标准动态调整机制，扩大农村低保覆盖面，并且随时因地制宜地进行调整。三是针对特殊人群做好关爱，尤其是农村留守儿童、妇女和老年人。四是从其他农村社会保险配套体系（如工伤保险、医疗保险、生育保险等）入手，使不同的政策之间可以做到相互协调、配套，让惠农政策形成合力。

第四章 国内外农村公共服务发展经验

第一节 国外农村公共服务发展经验

一、德国农村公共服务发展经验

(一)数字乡村发展的"整合性发展"理念模式

德国数字乡村发展根据内容分为两部分,即通信基础设施建设和数字乡村社会服务。数字乡村建设的首要任务包括光纤网络等通信基础设施建设和网络升级。其通过数字技术加强政企研的合作交流,搭建区域性的创新交流平台,形成网络枢纽,完成教育、生产、信息流通等任务,打破了城乡之间的信息壁垒,促使城乡信息一体化,从而带动乡村经济的发展(图4-1)。

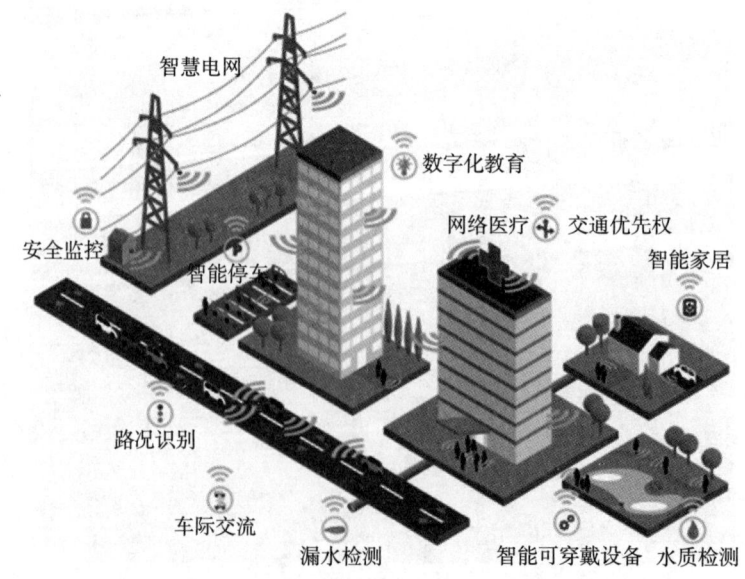

图4-1 德国"智能化网络"概念示意图

德国的数字乡村社会服务,即"联邦乡村发展计划"。该计划每年投入5500万欧元用于推动乡村地区的数字化发展,主要适用于发展乡村数字化服务项目,如为乡村地区居民提供作为乡村诊疗辅助项目的远程诊断医疗服务及乡村智能交通网络和网络教育项目等。2018年,有68个村庄数字化项目获得了联邦乡村发展计划资助。在上述两类建设内容中,"智能化网络"的扩展及保障乡村居民拥有与城市居民"同等的"社会服务条件,在现阶段还依赖于乡村地区与相邻中小城市间的紧密合作。此外,乡村地区由于行政等级较低、人口规模小,一般情况下很难获得联邦政府在数字化发展领域的直接关注和资金投入。但是联邦和州政府通过政策倾斜或财政支持,鼓励城市与区域的合作发展。综合这两点因素,区域整合性发展框架(图4-2)下的乡村数字化建设,是符合乡村地区利益且能够获得多方支持的方案。

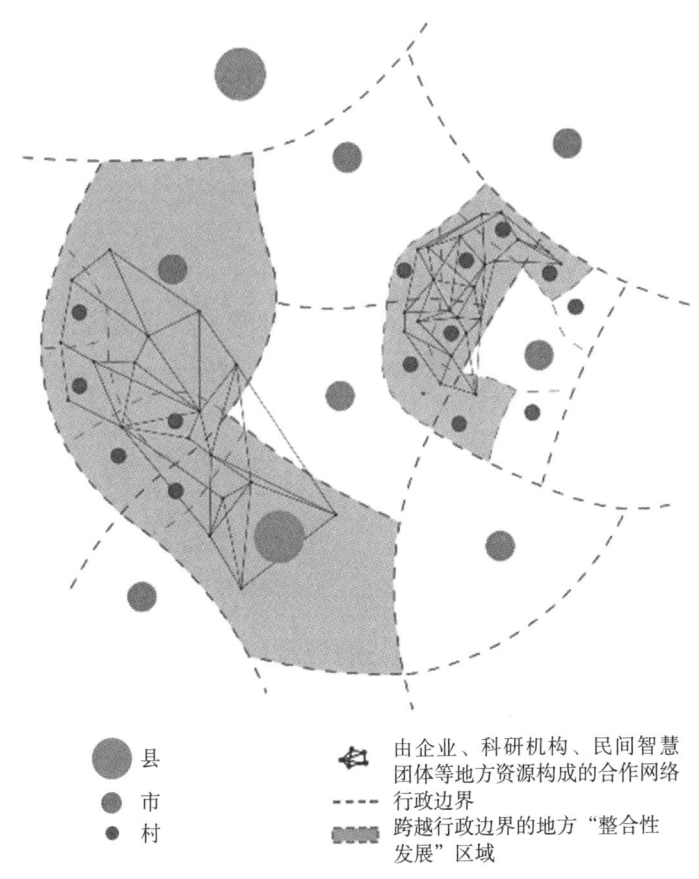

图4-2 区域整合性发展框架示意图

(二)规划建设统一明晰的层级管理公共服务供给体系

德国公共服务供给体系的参与人员范围比较广泛,如公共服务计划通常由村民、企业、协会和管理部门等多部门多团体人员共同商量参与制订。这些团体和政府管理部门会就公共服务规划的目标、如何实现目标、公共服务的项目,尤其是重点发展的公共服务项目等制定相关政策。在实施州计划的同时,每个郡、区、社区政府也会制定和实施其自身的政策,如改善公园管理、提供定点医疗、水资源保护等。基于中心地理论的空间规划和投资发展体系如图4-3所示。

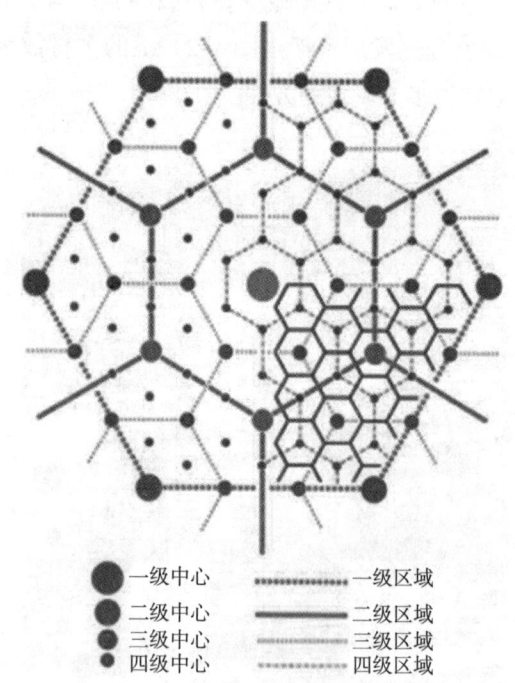

图4-3 基于中心地理论的空间规划和投资发展体系示意图

(三)通过积极支持的政策,督促政府提高公共服务水平

在第二次世界大战之后,为了促进农村公共服务的发展,德国政府对欧洲振兴战略进行了积极的探索。德国联邦和各州共同为农业公共服务项目提供了大量资金,如建设乡村公路资金等;实施价格补贴、贷款等,促进农业机械化的发展;为陷入困境的农商行提供专项资金;等等。德国政府对公共服务的补助政策一直保持不变,补贴政策持续加强,但其模式和方向正在逐步发生变化,从鼓励量的增长转向注重服务效率、质量保障和改善生产和居住环境。

（四）完善农村合作经济组织，提高农村公共服务体系质量

德国十分重视发展农村合作社。德国的农村合作社自1864年成立以来，已经有近160年的历史，德国政府始终对其给予高度的关注。德国的农村合作社在政策指导、利益协调、技术交流、社会服务等方面都能发挥作用，其具体功能见表4-1所列。根据业务不同，德国的农村合作社可划分为五种类型：信用合作社、手工业合作社、商业服务业合作社、消费合作社和住宅合作社。在德国农村地区，农村合作社为农民提供信贷、供应和咨询服务，是一个综合性的公共服务网络。它具有完整的组织、完整的法律、良好的服务，对个体农户和国家发展起着不可替代的作用。图4-4展示了"智慧乡村"项目中有代表性的数字化发展措施。

表4-1 德国农村合作社的功能

建立信息平台	"村庄广播"网站和应用：为居民提供有关本地线上交易、地区新闻、活动等相关信息，以及与政府部门沟通的渠道； "信仰平台"：以本地学校资源为基础，建立"信仰平台"，为中老年人提供教堂服务信息和相关宗教仪式
创造数字化空间环境	"智慧乡村客厅"：通过各村村民讨论，建立共享"智慧乡村客厅"商业模式，提供数字化家居环境打造服务，配备居民所需智慧家居设施； "智慧公交车站"：建设提供无线局域网和个人移动装置充电设施的公交车站
开展数字化培训	数字化技能训练：16个村庄组织了150多名当地义工，进行了一年半的数字化培训，培训内容涵盖农业、信息安全、信息传媒、法律、教育4.0； "无人机"技术培训：在农村提供无人机培训课程的公益活动，目的是提高年轻人参与村庄事务的积极性。并且通过培训课程，鼓励年轻人将无人机拍摄的图片或视频放置在村镇的网站和"村庄广播"等信息平台，用于村庄文化活动的宣传
利用数字化技术加强乡村道德文明规范	互利互惠团体"爱心村"：村民在项目团队的指导下，成立组织团体"爱心村"，通过挨家挨户访问，掌握虚拟社区服务的供需地图，将提供专业知识或有能力的个人和需求方联系在一起，加强邻里互助，增进社会凝聚力； 数字化"紧急呼叫系统"：为老年人提供反馈健康问题、技术损坏、意外等情况的数字化紧急呼叫系统

(a) 贝加村"无人机"培训项目　　(b) 利普莱恩村"智慧乡村客厅"项目

(c) 美国乡村居民利用无线局域网

图 4-4 "智慧乡村"项目中有代表性的数字化发展措施

二、美国提高农村基层公共服务质量的经验

(一)以政府为主导,实现农村公共服务供给主体多元化

在美国,由政府主导农村公共服务的供给。由于公共服务具有非排他性和非竞争性,因此,政府的权威性和法制性决定了虽然私营部门、非营利组织、社区和公民都能参与到公共服务的供应,但其供给依然以政府为主。美国农村公共服务的多元化供应模式充分反映出政府主导的多功能性:政府既有引导功能,也有直接供给功能;也有一些公共服务不是直接提供的,而是依靠国家政策支撑的。

横向上,美国政府是由国会、行政、司法三方组成的政府体系;纵向上,美国政府由联邦政府、州政府和地方政府组成。这些权力和层次结构在乡村公共服务的提供中所扮演的角色和作用是不同的,但是它们都是各自的、相互协调的、有机的。以联邦层面的农业法律(农业政策的法治化)为例,国会、行政、司法三权在制定政策、法律过程中分工协作、相互制衡,形成了较为严密的制度体系,国会、行政、司法三权的这种"制约和均衡",保证了农村公共服务供给在决策环节具备较高程度的科学性和民主性。

美国的联邦政府、州政府、地方政府在农村公共服务供给方面存在着明显的差异。这种分工和协作的基本原则是受益范围原则、合作原则。

私营企业、农民和合作组织等都在积极地提供农村公共服务。

美国私营企业在农业技术推广、农业保险等领域中的突出体现。在农业技术推广方面,一些私营企业投入了大量的资金用于农业科学研究,并将其推广到市场。例如,美国孟山都公司斥巨资购买了大量的种子,收购了生物技术公司,从而获取了大量的高质量的新种子。1938年,美国《联邦农作物保险法》(Federa Crop Insurance Act)出台,1980年后修订12次,私营企业始终在农业保险中占有一席之地,至1990年,美国农业部FCIC的89%的保险都是私营保险公司发行的。到2000年,联邦保险公司已经很少再卖保险了。

农民是农村公共服务的主体。一些大型农场主为了自己的利益,会在农场里修建一些道路,在防治病虫害方面使用新的农业技术和新的作物。此外,有些农户还会自发组织、提供社区公共服务,尤其是社区的道路、小型灌溉工程、仓储设施等,以满足社区的需求。

在美国,比较正规的合作组织有合作社和农会。其成员组成具有农户性、本土性,能够与农户的需要、农业发展相适应,且偏好不容易被掩盖,是农村公共服务(农业科技推广、仓储设施、水电供应、农业信息等)必不可少的供给主体。

（二）形成了立法、标准和政策"三位一体"的制度体系

美国政府主要通过农业法案进行政策调整（表4-2）,使农村政策朝着政策主体多元化、政策导向市场化的方向发展。

表4-2 美国政府农业法案调整历程

1996年	启动乡村社区促进计划,优先考虑最贫困的社区,给予各州乡村发展领导人灵活的资金使用权	农业部有权提供州乡村发展区块补助金,直接用于担保贷款及其他援助,以满足全国乡村发展需求; 为"乡村发展计划"提供700多亿美元的资金支持,特别增加了州层面的财政资金支持,对农村新兴产业的兴起给予高度关注; 强调农村商业和经济发展,加强了基础设施投入,特别是健康医疗和通信系统的投资,高附加值农业行动也得到了重视; 重点关注乡村就业机会、地方和区域粮食系统、新能源和生物经济、安全住房、社区基础设施投资,以及合作伙伴关系六个方面内容
2002年	出台《农场安全与农村投资法案》(Farm Security and Rural Investement Act)	
2008年	出台《粮食、保育和能源法案》(Food Conservaion, and Energy Act)	
2014年	出台《食物、农场及就业法案》(Food, Farm, and Employment Act)	
2017年	成立乡村发展事务的跨部门联合工作小组	

在投资制度方面,美国政府采取了一种积极的投资方式来提供农村公共服务。在联邦预算中,对农村公共事业的投入不断增长。第二次世界大战之前,联邦政府对农村公益事业的投入每年大概有10亿美金,20世纪50年代有50亿美元,70年代每年增加到近100亿美元,80年代每年均在100亿美元之上,1985年有200多亿美元,1990年有359亿美元,2000年有190亿美元。从政策内容来看,目前美国农村发展政策主要集中在强化农村社区建设、培育农村经济新动能及环保工作的创新上。

美国农业部将"努力发展农村经济,提高农民的生活品质"作为其主要责任,其中包括完善供水和污水处理设施,提供合理的、负担得起的住房基金,支持供电和农村商业发展,利用信息和技术来支持社区发展。联邦政府为乡村地区的交通、电力和通信提供资金。国家出资修建和维护水利设施,为生产、生活提供廉价的水。美国农村商业与合作发展局实施的支农计划如表4-3所列。美国农村公共事业服务局实施的支农计划如表4-4所列。

表4-3　美国农村商业与合作发展局实施的支农计划

项目	核心内容
商业计划	商业计划中包含农村商业和工业贷款、商业发展补助、合作社发展资金、微型企业援助等多个项目,政府通过直接贷款、贷款担保和发放补助金的方式助力农村地区的小型和新兴私营企业的发展
合作社计划	合作社计划的支持种类多样,如农村合作社发展赠款、生产者附加值赠款、社会弱势群体补助金和先进生物燃料拨款,旨在帮助合作社扩大经营范围,促进生产者积极参与新产品的加工、营销等增值活动
社区发展计划	政府提供财政资金,帮助失业率高、经济严重萧条的地区发展社区基础投资

表4-4　美国农村公共事业服务局实施的支农计划

项目	核心内容
电力计划	为解决电力短缺问题,全范围建设乡村电力基础设施;在乡村地区组建电气化合作社,建设电网设施
电子通信计划	为推动宽带互联网的乡村普及,全国19个州的33个农村宽带项目获批通信设备建设补助和贷款申请,保证互联网覆盖到美国的偏远乡村地区
供水和废物处理计划	向市、县、特别区域、印第安部落和非营利性的社团单位提供贷款和赠款,为人口数不足1万的农村和城镇地区提供供水和废物处理系统

(三)农村公共服务融资渠道的多样化

美国对农村公共服务的投入,主要根据规模大小来划分,大型工程如灌溉、水利、交通、供电、通信等，均由联邦政府和各州政府出资建设；中型的公共事业工程则通常由当地政府提供资金；小型项目可以通过国家、农民等联合投资，完成后的项目必须按照国家的法律法规进行管理。

此外，政府也在不断地引进市场和民间资本，以增加农村公共服务的投入。例如，美国在西部水利设施项目中，将其列为"公共资助项目"，由国家出资，鼓励民间团体、企业、财团和国际机构参与。为了回馈投资者，在项目建成后，政府所获得的土地和新开发的土地产权都归属于投资者，投资者可以将这些土地出租或出售，一次可以获得投资报酬，这样投资者可以将其投资的一部分重新投入新的项目。对投资回报的期待，可以极大地激发私人资本的热情，从而实现投资规模的滚动增长，有助于政府吸引社会资本的投入，减轻政府的压力。这一投资回报的方式在后来的运输工程中也被普遍采用：在西部地区建设或修建铁路的公司，有权利对沿公路（铁路）的土地进行开发，并且可以向当地的商店、工厂和居民提供或出租。

（四）完善法律法规，为农村公共服务提供制度保障

美国从19世纪60年代起，就把农村公共服务发展的重点放在乡村法治化上，并明确立法，以法律的形式确保国家的各项政策能够有法可依。美国通过立法，建立了联邦土地银行、联邦中介信贷银行、合作银行，让农村投融资体系得到了进一步的完善，农业信贷也得到了保障。美国政府已制定法律，将公有土地拍卖所得款项用以推广乡村教育，由联邦政府和州政府出资设立乡村公益试验站，并提出由各级政府出资，以设立合作服务系统。1996年出台的《联邦农业完善和改革法》明确了农村公共服务的投资和贷款，从法律上保证了政府投资的强度，防止了由于外部环境的改变而出现的阶段性变化。联邦政府除了制定专门的法律来规范乡村公共服务的发展，也在努力将这些制度与其他相关的法规结合起来，以更好地规范乡村公共服务的发展。

（五）农村图书馆促进农村网络信息服务发展

美国伊利诺伊大学图书信息学院图书馆研究中心（Library Research Center of the University of Illinois Graduate School of Library and Information Science）认为，美国的农村图书馆服务人数一般少于1万人；图书馆坐落在每平方英里（约2.6平方千米）的人口少于150人。美国的农村图书馆是从人口密度和服务对象两个方面来划分的。

20世纪80年代，美国的一些农村地区经历过一次经济萧条。许多农民都意

识到,及时的信息不仅可以促进经济发展,而且可以提高他们的经济实力,还可以提高他们的信息收集和服务的效率。20世纪90年代起,美国开始关注农村图书馆,农村社区化的迅猛发展,促使各州迅速、大规模地建立了社区图书馆。今天,美国的社区图书馆不仅遍布各地,而且每个人几乎都能在周围一两千米找到一座图书馆。此外,社区图书馆与社区服务相结合,使社区的服务功能得到了全方位的改善。例如,各个馆内有各种语言的书刊和视频资料,以供各国读者查阅;读者可以在这里查询招聘、娱乐、商务等信息,也可以在网上购买商品。此外,一些图书馆还提供了一条热线,帮助社区居民辅导小学生和中学生的作业。

美国农村社区图书馆的服务模式具有共性。然而,其现代化水平仍无法完全满足农村居民的需要。目前,农村图书馆最需要的是对图书馆员的培养与技术支援,因此,美国各州政府及图书馆界纷纷采取行动,利用网络将本地、本州、本国乃至全球的图书馆连接起来,构成一个多层级的网络。美国农村和小规模图书馆在不断的探索和改革中,已经在世界范围内树立了良好的榜样。美国农村图书馆的环境、设施如图4-5至图4-7所示。

图4-5 美国农村图书馆宽敞明亮

图4-6 美国农村图书馆摆放着电脑

图4-7 美国农村儿童放学后的活动室

三、日本农村公共服务的发展经验

（一）基于"生活圈"的农村公共服务设施配置模式

1. 公共服务体系发展

20世纪70年代以来，日本为了保证农村生活水平、保护农村特色环境、解决农村社会问题，开展了一系列农村环境整治工作。自20世纪90年代起，改善落后于都市居住条件的配套设施，成为农村整备工作的重要内容。为了让农村居住更方便、更安全、更舒适，农村整备以生活圈（图4-8）为基础，以社区服务和公共设施的配置为基础，对农村地区的空间进行重构，力求将公共服务与农村居民的日常生活相结合。

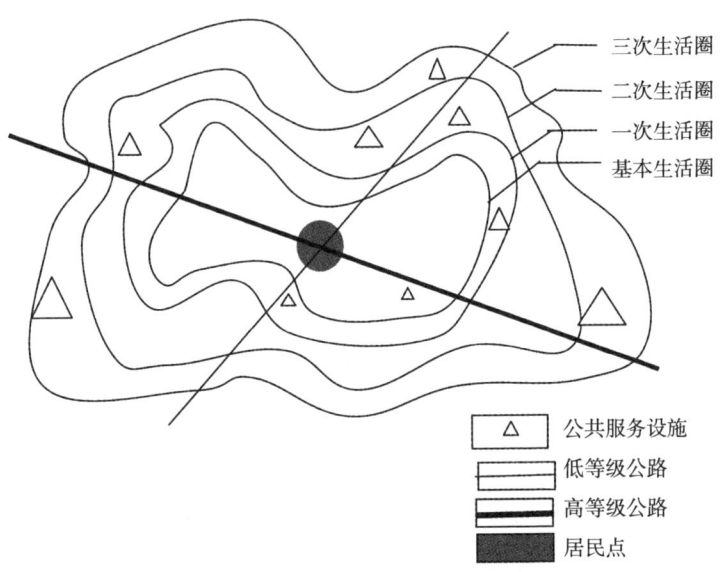

图4-8 日本农村生活圈示意图

不同层次的居住空间将各种不同的公共服务设施进行配置，并相互重叠，构成了一个公共服务系统。在特定地理、社会村落范围内，将人们的日常生产和生活活动的地理空间，以一定人口的村庄和一定的距离为参照，分为"村庄""大寨""老村""市町""本地"五个等级的生活圈模式，是日本《农村生活环境整备计划》中提出的。不同的生活圈对应的是不同的公共服务设施，在生活圈的中央设置公共服务设施，使多个生活圈相互结合、叠加，形成一个公共服务系统。其中，以基本生活区为核心，满足居民的日常需要，为社会提供最基本的社会保障；高级生活圈的核心区域，为市民提供更加多元化、专业化的公共服务。

2. 基于"生活圈"的设施配置模式特征

一是突破了传统的行政界线，更强调区域的资源共享，有利于公共服务设施的合理配置和高效利用。二是从方便程度的角度出发，对服务设施的最大半径进行限定，使得居民享有平等的公共服务。三是统筹规划，着力解决重城轻乡问题，凸显基层公共服务系统的功能。四是具有很好的扩展性，能够对有关指标进行调节，从而反映出各区域的发展程度和对设备的要求。

（二）农民协会是农村公共服务的主体

日本的农村公共服务制度实施与完善的主体是农民协会。农民协会是日本农民自治、自力更生的经济团体。在日本，所有的农业活动都是由农民协会决定的，农民从种什么到怎么种，再到怎么卖，生产销售一条龙，都是农民协会负责的（图4-9、图4-10）。农民协会甚至提供了一些农具。如果农民没有足够的钱去购买农具，那么日本的农民协会也会提供保险、金融、养老服务。"农民出资，农民利用，农民经营，农民享受"是农民协会的基本经营思想，即以国家和县为单位，形成一个紧密的、全国性的、法治的农民组织，农民通过农民组织参与到农村的发展。

图4-9 日本农民协会提供农业服务

图4-10　日本农民协会提供农产品生产加工设备

日本农民协会不以营利为目的，目的在于最大限度地满足农民的基本公共服务需要，其在工作过程中产生的成本由银行信贷资金和保险业务理赔来支付。农民协会的农民参与率非常高，大多数甚至超过90%的日本农民参与了农民协会。农民协会作为农民服务的组织，为农户提供一切所需服务，并且在经济利益上与农民形成了互利共赢的共同体。几乎每个市、镇、村都设有农民协会，以加强农民自立、提升农业生产力、提升农民的社会经济地位，并推动国民经济发展。

日本农民协会也是推动农业技术进步的力量。日本农业技术的发展，得益于农民协会对农业技术的高度重视和大力提倡。日本农民协会在开发新的农作物品种的同时，会大力推广新的农机具。这些有力措施使得日本的农业技术一直处于全球领先地位。

（三）拥有完善的农村义务教育保障体制

1. 健全的义务教育财政体制

经过多年改革，日本形成了完善的农村义务教育财政体制，并建立了规范的农村义务教育经费分担保障机制，由中央、都道府县和町村三级政府共同负担日本农村义务教育经费。为了保证村级地方政府能够获得足够的资金为本地居民提供义务教育这一标准公共服务，促进城乡教育资源的平衡配置，日本政府实施了城乡统一的义务教育财政体制，并以义务教育财政均衡为目标。中央财政通过转移支付对农村义务教育经费进行补助，并通过法律文件发布实施，从而保障和促进了农村教育事业的发展。例如，为了提高偏远地区教育基本公共服务供给质量，《偏僻地区教育振兴法》《孤岛振兴法》等明确了各级政府职

责，要求优先确保农村社会教育设施资源分配，尤其是偏远地区的农村学校必须提高教学设备数量和质量，从而保证农村教育质量的提高及公共服务均等化。另外，为保证财政信息公开，避免挪用教育经费的事件发生，日本民间成立了一些教育经费使用的监督组织，使得日本农村义务教育财政体制建设能够高质量发展，从而为农村义务教育事业迅速发展提供了强大的支撑。

2. 重视农村教师人才培养

一是农村教师具有很高的福利待遇。日本政府对农村教师提供优厚的补贴，教师不仅能够得到补助和各种特殊津贴，而且能分配到住房，这样便解决了农村教师的后顾之忧，能吸引更多人才投身农村教育事业。

二是日本农村教师社会地位高，受到社会尊重。日本全社会对于教师均持包容的态度，并且认为其是很专业很权威的一种职业，对教师从业者的社会认可度高，尤其认为农村教师更加值得赞誉。日本采取教师轮岗制度，一名教师会在不同的学校轮换工作，所以所有教师到农村地区教书的机会都是平等的，因而城乡之间没有所谓资源差距，城乡教育资源得到了均衡配置，农村教学质量也有了保证。

四、韩国农村基层公共服务提供的经验

（一）政府强力推动

韩国的"新村运动"开始于20世纪70年代初期，最初是由政府领导和发起的。当时韩国处于第一个和第二个五年经济发展计划中，工农业发展失衡，城乡居民收入差距扩大，政府希望借助以农村房屋改造和基础设施建设等为内容的"新村运动"消化过剩的工业产能。其具体推进方式有以下两种。

第一，广泛的行政机关和人员的参与，促使形成了从中央到地方的一整套组织领导体制，在各道、市、县、乡都设立了"新村运动"的领导机关，负责制定政策，协调各方面的政策和措施。从"新村运动"开始到全面实施，从总统到普通的文职人员，都参加了这场运动，每个人都有自己的职责。国家对干部给予了严格的奖惩，成绩好的就提拔，成绩差的就调往岛屿或山区工作。

第二，在物质、财力上给予有力的支持。"新村运动"所需要的公共服务供给基本上是靠国家财政来供给。虽然韩国"新村运动"由政府发起和主导，但同时积极鼓励农民进行资金参与，财政资金发挥了杠杆作用。1970年至1980年，韩国政府在"新村运动"上共投入2.8亿韩元。此后20年，在这个巨额投

人的基础上，又进一步翻了两番。此外，政府也为"新村运动"的发展提供了其他途径，如政府为农民直接提供资金和低息贷款的支持。"新村运动"组织领导机关如表4-5所列。

表4-5 "新村运动"组织领导机关

	协议会（委员会）	委员长	委员
中央	新村运动中央协议会	内务部长官	各部会员（22人）
市道	市、道新村运营协议会	市长、道知事	有关机构人员（30人左右）
市郡	市、郡新村运营协议会	市长、郡守	有关机构人员（15人左右）
邑面	邑、面新村促进委员会	邑、面长	有关机构人员（15人左右）
里、洞	里、洞开发委员会	里长、新村领导人	居民代表（30人左右）
村庄	村会	领导人+负责公务员、村户户主	

（二）农民自主选择

韩国"新村运动"强调农民在农村中的重要地位。虽然"新村运动"得到了政府的大力支持提倡，但是政府并没有包办替代，也没有强制农民进行选择。各村的具体工程都是由农民自己决定的。政府根据因地制宜原则，从群众最关心、最迫切需要解决的问题出发，制定诸如更换屋顶、修建道路、送电照明等扶持工程。农户根据自身条件进行选择，而项目的建设也是以农户自身的劳动为主。政府以政策导向的形式，使农民在"新村运动"中看到利益，并积极投身于"新村运动"。可以说，"新村运动"取得成功的关键在于政府的引导和农民的积极参与。

（三）社会积极支持

韩国的"新村运动"是全社会积极投身于新家园建设的体现。高校、科研机构的教师、科技人员轮流到乡下讲授、宣传科技、文化知识，外籍韩国人自愿捐钱捐物，城市各机关单位、工矿企业、农村结对"一帮一"，三星、现代、韩国等大企业也在大力支持农村公益事业。韩国的新家园建设在一定程度上得到了全社会的支持。

（四）设立奖惩激励机制

韩国政府在"新村运动"上进行资金扶持，在资金使用上并不是按照公平分配原则人人有份，而是奖勤惩懒、奖优惩劣。政府将全国3万余个村落按照各自的表现和成果，分为自力、自助、公共服务三个层次，成绩最好的为自力村，最低的为公共服务村。政府的救援物资仅给自力村、自助村，并在村头竖起标牌，鼓励他们参与。这一奖励与惩罚机制能起到一种积极的激励、无形的监督作用，有助于激发国民的责任感、荣辱感。

（五）注重教育培训

韩国的"新村运动"对农村基层干部的教育训练起着举足轻重的作用。韩国从中央政府到地方各级都设立了"新村指导员研修院"，主要针对全国各级公务员、社会各界人士及社区指导员进行政策说明、计划制订、实地考察、经验介绍、问题研讨等内容的专题辅导，引导农民进行乡村建设，让他们树立诚实、守信的观念，培养他们勤劳、自强、团结的意识，提倡勤俭节约的生活方式。不同社会群体参加培训，可以加深彼此之间的交流。国家公务员可以与社区指导员一起调研，作为了解基层工作的一项重要活动，在政策优化完善方面起到了积极作用。

最后，"中央研修院"为韩国的"新村运动"提供了一大批领袖与骨干。

近年来，韩国"新村运动"的范围已经不再限于农村，运动的主要内容也拓展到整治乡村环境、兴办文化场所、养老等领域（图4-11）。

图4-11 韩国"新村运动"中的志愿服务工作

第二节 我国农村公共服务发展经验

一、山东省荣成市经验：构建新型农村养老服务体系

自2019年7月起，山东省荣成市针对农村空巢老年人群的需求，建立"信用管理+志愿服务+暖心食堂"养老服务模式，创新信用激励政策，发动群众参与志愿服务，成立了荣成市社会福利中心（图4-12），打造"暖心食堂"，为农村老年人送上"一餐热饭"。现在，荣成市有将近一半的村庄建立了"暖心食堂"（图4-13），不仅解决了"食"的民生问题，而且建立了基层党组织，带动了更多的群众加入社区自治，取得了很好的效果。

图4-12 荣成市社会福利中心

图4-13 荣成市农村"暖心食堂"

（一）创新投入方式，解决"钱从哪里来"的问题

截至2021年，荣成市80岁以上的农村老年人有2.9万，占农村人口的10.1%，仅有1150人入住养老院，所占比例不到4.0%，约96.0%的老年人依赖于家庭。有些老年人因为丧偶或者是身体残疾，饮食不规律。为了解决"居家养老"的难题，荣成市大力推行"暖心食堂"，截至2023年3月，已经有517家，为80岁以上的农村老年人提供免费午餐，解决了"一餐热饭"的难题。

"暖心食堂"的建设需要场地、设施、材料、人力等方面的投入。为了解决这一问题，荣成市积极探索，从内到外，从上到下，以很少的投入使"暖心食堂"得以持久运转。

1. 争取财政支持

若一家"暖心食堂"为20位老人提供服务，按照"两素一荤一汤"的原则，每人每天需要6.5元；服务人员每日3人，工资为180元；再加上各种厨具

和餐厅的装修,一年的开销在9万元左右。对于一个贫穷的村子来说,这是一笔不小的开销。荣成市推行"暖心食堂"的方针是不给村民带来任何额外的负担,所以把重点放在了发展上,把食堂和"幸福院"有机地结合在一起,用好各级对"幸福院"的奖补。山东省财政补贴6万元,威海市财政补贴1万元,荣成市财政补贴2万元,总共补贴9万元。

2. 挖掘企业的内在潜能

将各部门的专项资金集中在食堂建设上,建立"基金池",为企业提供充足的"水源"。目前,有"暖心基金"380万元、"助餐志愿基金"200万元、信用中心"信用奖励基金"200万元等,累计达近800万元,重点向经济薄弱村、就餐老年人多的食堂倾斜,为食堂持续运行和提挡升级提供坚实的经济支撑。

3. 开展公益活动

以诚信为基础,通过捐款、捐物的机构、个人等的信用激励政策,动员社会力量,达到"众人拾柴火焰高"的效果。荣成市民政局建立了专用账户,共接收超过2万个社会团体的捐赠物资。

(二)灵活选用配餐模式,解决"怎么吃饭"的问题

由于各村村情的差异,有些地方适合集中用餐,而有些地方受各种原因限制,有些老年人行动不便,并不适合集中用餐,因此,荣成市农村的食堂并没有采取"一刀切"的配餐模式,而是根据实际情况采取三种模式。

1. 村级自助模式

由各村主导运营,自己制作饭菜,自己组织就餐。例如,王连街道东岛刘家村的食堂和厨房都由村委会负责,食材、烹饪、服务等都是村民自己准备的,志愿者带来的米面肉菜,就能基本保证"一荤一素一汤"需要。

2. 集中用餐模式

经济条件较差的村居,只负责提供就餐场地,制餐则是通过市场化方式,引入配餐企业、周边企业、大型养老机构等,覆盖103个村庄。例如,宁津街道留村村民的伙食由外来投资公司负责。村里将两处原先用于办公的场地拿出来作为村食堂,负责村民伙食的公司中午将饭菜送到食堂供村民集中用餐。这种模式不但保证了伙食品质,也为村里降低了运营成本。

3. 暖心饭盒模式

对于行动不便的老年人,由村居通过市场化运营或自行搭建厨房,把饭菜"点对点"送到老年人家中。例如,人和镇北齐山村,对于行动不便、年迈的老年人，服务人员在食堂里准备好午饭后，将饭菜包装起来，由志愿者负责配送，10分钟内就能送到。

（三）用好志愿者队伍，解决"谁来服务"的问题

开个食堂简单，但长期经营并不是一件简单的事情，材料和人力都是一大笔开销。荣成市把"暖心食堂"运营与信用体系建设有机结合，以2倍的信用积分奖励参加"暖心食堂"的志愿者，将其服务"暖心食堂"的热情调动起来。广大志愿者的积极参与是荣成市"暖心食堂"得以长期运作的基础。

1. 组织志愿者下厨

烹饪饭菜由"巧厨娘"志愿服务队免费承担，一般是3~5人一组，每人每周服务一次，两荤一素一汤，一周基本不重样。例如，人和镇北齐山村由"大锅饭"改为"个性餐"，针对69名受访群众的身体状况、饮食喜好、禁忌等情况，制定"一人一册"，制作"个性盒饭"，让他们吃得放心、安心。

2. 动员自备物资

因为志愿者来这里的时候，都会带来一些新鲜的蔬菜和水果，再加上社会各界的捐款，所以没有出现物资短缺的现象。但是大多数村民愿意利用自家菜园自给自足。剩下的蔬菜和水果还可以供给村食堂或加工出售，用来增加收入。2021年，王连街道东岛刘家村利用食堂吃不完的蔬菜和水果创收3500元。

3. 积极开展志愿活动

按照机关食堂的标准，午餐集中用餐，志愿者负责分配餐食，如果不足，老年人可以根据自己的需要继续添餐。餐后进行清洗、消毒，保证老年人的饮食健康。目前，荣成市已组建400余支"巧厨娘"志愿者队伍，共1.1万人，志愿者人数还在不断增加，成为荣成市"暖心食堂"长期运转的基础保障。

（四）健全保障机制，解决"长期运营"的问题

荣成市制定了《荣成市2020年农村"暖心食堂"建设指导意见》《"暖心食堂"长效运营保障指导意见》，并成立了由民政、农办、住建等相关部门组成的工作专班，专门负责解决食堂运营过程中的梗阻问题，保证食堂的正常运转。

1. 明确发展的思路

在三种模式的食堂运作方式中，村级自助模式最为有效，不但能提供优质的食物，而且能发挥更大的社会治理作用，让更多的人加入基层自治。有些村庄以新时期文明实践为契机，举办"饭前一刻钟"，组织老年人看新闻、

读报纸、谈经验，充实老年人的精神文化生活；有些村庄会在志愿者和老年人的帮助下，了解社区里发生的事情，不论哪位老人有问题，都会及时收集其信息，然后由网格员处理。此外，荣成市还大力发展互助性食堂，以保证"暖心食堂"健康发展。

2. 做好防范风险的准备

在"暖心食堂"成立之初，就已经进行了多次调查，在司法部门和专业律师的帮助下，制定了一份《助餐服务协议书》，上面写满了风险和责任，让所有就餐的老年人都知道，以免出现不必要的冲突，这是荣成市"暖心食堂"的"安全阀"。

3. 建立每月定期会议制度

为推进食堂建设，荣成市实行月度例会制度，由市委领导牵头，每月组织民政、农办、组织部等10个部门和相关镇街召开联席会，由镇街提报开办过程中遇到的问题，再由联席会跟进解决，为食堂的正常运营扫除障碍。

（五）释放连锁反应，形成乡村治理新格局

从荣成市的实际情况来看，建立"暖心食堂"的初衷是解决"一餐热饭"问题，但随着"一餐热饭"的持续发展，其越来越融入到社会管理，取得了出乎意料的成效，从而引发了蝴蝶效应，产生的社会效应远远超出了荣成市的预期。

1. 作为新的基础，加强党的执政基础

从"暖心食堂"创建的第一天开始，村委党员干部就带头参与、带头建设，使食堂成为村里最好的硬件设施。党员一马当先、带头做饭、带头服务，还拿出了比自己家吃的还要好的食材。在此过程中，村干部建立起诚信体系，干群之间的联系更加紧密，基层党组织的凝聚力和号召力得以不断增强。

2. 构建新的农村社区治理体系

"暖心食堂"把农村老年人、妇女志愿者、在外子女、党员干部等紧密地联系在一起。在村子里，大家提意见，一起商量，一起做事，不管是要搞什么项目，要发展什么产业，要吃什么饭，要做什么节目，大家都可以出谋划策，从而激发了村民的自治意识，聚力下好"一盘棋"，促进了农村社区共建共治共享。

3. 在新时期，形成新的文明实践活动空间

荣成市将"暖心食堂"和新时代文明实践有机结合，使越来越多的村庄将"暖心食堂"作为文明实践的"文章"。例如，许多村庄在举荐"好婆婆""好媳妇"等先进人物时，都会把食堂的志愿者作为推荐重点，因为志愿者可以通过自己的亲身经历，让村民在耳濡目染中受到教育。食物和美德的结合，让文明教育事半功倍。"暖心食堂"成为村民心中良好道德风尚的有效载体。

二、广东省惠来县"农民工匠"模式推动公共服务高质量发展

广东省揭阳市惠来县结合实际推行"农民工匠"模式，畅通了涉农资金使用和项目实施的"最后一公里"，实现了农村各项公共服务建设项目落地"多快好省"，让农民不仅成为公共服务的受益者，而且成为公共服务建设的参与者。惠来县解放思想，转变方式，让"农民工匠"模式成为提升农村公共服务水平的工作亮点，主要体现为"放""规""共"三个字。做到一个"放"字，就是下放审批权限，简化审批流程，做到放中有依据、放中有标准、放中有监管，让新农村项目建设得以快速高效推进。突出一个"规"字，就是规范"施工"，在项目筛选、主体选择、流程设计、资金使用上都做到有规可循，总结形成可供复制推广的2.0版本。达到一个"共"字，就是采取"农民工匠"模式，让农民参与到农村公共服务建设，农民既是受益者，又是建设者，实实在在推动实现农村共建共治共享。农民工匠承包村道路路面硬化项目施工现场如图4-14所示，农民工匠劳动现场如图4-15所示。

图4-14 惠来县农民工匠承包村道路路面硬化项目施工现场

图 4-15 惠来县农民工匠劳动现场

（一）先行先试，危机中育新机

惠来县位于粤东沿海，曾是一个落后的地区。在实施乡村振兴战略过程中，项目数量多、任务重、时间紧，而传统的项目建设流程往往会从一定程度上复制城市模式，导致项目申报、审批、实施程序复杂，严重影响了农村公共服务项目建设进度和公共服务水平提升。

为此，惠来县推行了"农民工匠"模式，把技术含量低、建设资金不多的农村建设项目交给村手工业工人，并通过下放审批权限、简化审批流程等方式，加快建设进度，使建设效率提高了 2~3 倍，工程成本减少了 30%，当地农民参与工程用工比例达 80% 以上。

1. 以政策为先导，使干部敢担当

"农民工匠"模式在探索实施之初，由于缺少政策依据，一些干部不敢担当、不敢试行。为了鼓励基层干部创新模式，惠来县认真研究《广东省支持村级组织和农民工匠承接农村小型工程项目指导意见》《广东省农村建设项目组织管理的指导意见》等文件精神，按照简化流程、节约时间、节约成本的原则，制定了《惠来县简化农村项目建设流程指导意见》，将"农民工匠"模式推广到有据可查的地步，鼓励基层干部放心大胆创新，指导基层干部进行推广，从而激发了基层干部对"农民工匠"模式的热情。

2. 实行标准化跟踪，便于村民实施

在"农民工匠"模式的可适用项目、实施主体、施工流程、施工标准等各个环节，惠来县制定了详细的实施指导意见，确保其在实践中的规范化。对技术要求不高、单项不超过 100 万元的项目，采用政府财政拨款，将其纳入"农民工匠"的范围；确定实施主体，即以行政村为单位，并可由村委会担任项目实施主体；各地亦可依当地实际情况，选出项目建设委员会，协调建设条件，审核财务，制定实施项目管理制度。精简施工程序，将传统的17个项目全部纳入施工过程，并结合实际，在保证工程质量的基础上，对立项、图审、财审、招标等七个环节进行优化和精简，使整个施工过程"瘦身"。

3. 加强监管，确保工程质量

"农民工匠"模式在实际操作中坚持公平、公开、公正的原则，接受村民、村委会、建设理事会、政府等多方监督，确保建设资金的合法使用和政策落地生效。工程建设方案、造价（包括材料、人力、物价费等）、施工时间、招标要求等在村务公开栏上张贴、公示，接受村民代表大会和群众的监督。工程竣工后，由村建设委员会和村党支部书记进行初步审核；初步审核通过后，上报给镇政府，由乡镇农业办公室联合环保、财政、水利、国土等多部门组成验收组，对项目进行最终验收。同时，在部分试点乡镇，还聘请第三方专家对项目进行审核，并经多方确认，保证项目的质量。

（二）简易规范，建设中开新局

在充分吸收试点成功经验的基础上，惠来县进一步探索优化农村"农民工匠"模式，总结形成可供复制推广的2.0版本。

1. 围绕"精"和"易"提高项目筛选质量

"精"和"易"项目是指技术要求不高、简易可行的项目，包括农村机耕路、小型农田水利、危旧房改造等村民能够自建、受惠对象直接的农村小型工程项目（投资金额单项在100万元及以下）。"农民工匠"模式的项目类型筛选必须既能充分发挥当地"农民工匠"的擅长技能，实现就地就业，又能加快补齐农村基础设施建设工期慢、项目小而杂的短板。

2. 围绕"能"和"巧"选择项目负责主体

有管理能力的人管理工程，有技能的人来具体实施。在工程建设中，要把村委会作为项目的责任主体，与村党支部共同承担协调、指导、监督等工作。优先挑选在本村具有建设施工经验的能人，并从"新农村建设咨询委员会""乡贤委员会""老人理事会""老工匠"等组织中，举荐5~7人成立项目建设理事会，当作项目建设主体，承担承接项目破土动工、原料洽购、财务办理、质量监管等具体工作。同时，让广大民众参加工程建设、监理的全面工作，做到"公允、公开、公正"，从而达到共建共治共享的目的，以极大地调动村民参与新农村建设的热情。

3. 强调"简"和"实"的过程设计

"农民工匠"模式解决了传统新农村项目流程烦琐、实施时间长等问题。"农民工匠"模式将工程建设过程简化为10项，即制定标准（村委会）—出图纸（实际）—测算—表决（村民代表会议）—申报（乡镇政府）—公示—竞标（工价、材料等，低价者得）—实施—验收—结算。以农村道路硬化工程为例，简化了论证、调研、设计、审查、预算、拨款、立项、招投标、监理等流程，将以往需要县级审批的权力全部下放到乡镇，通过"放管服"真正"瘦身"，使工程建设的进度和效率得到极大的提升。

4. 在经费运用上坚持"省"和"慎"的原则

"农民工匠"模式在项目经费使用上，坚持让每个人的钱都能用到最好的地方。通过简化流程，降低项目设计费、图审费及招标代理费等费用，使传统项目建设"包工""包料"的模式得到进一步改善。实施项目建设单位（建设委员会）自行购买建筑材料，并充分利用"三清三拆"、砂石等已有的建筑材料，节省了投资，每项工程平均节省了30%的费用。葵潭镇的吉镇村原本是一个有7000多人口的贫困村，没有场所开展体育锻炼。根据2017年的财政预算，文娱场馆的建设需要570万元的建设费和35万元的材料费，但由于建设经费太多，始终未能完成。自2019年末实施"农民工匠"模式以来，吉镇村积极组织群众投入劳动，利用"三清三拆"的废旧建材，将村民动员起来，组成"建设委员会"（全体党员均为公益岗位），广泛发动社会各界进行捐助，最后只用了100多万元的补助，用时90多天就完成了工程建设。

（三）共建共享，实践中出效益

为了让"农民工匠"模式更好地为群众服务，惠来县通过举办现场会议、组织参观，让镇村干部转变观念、转变角色。推广应用"农民工匠"模式，可有效打通农村公共服务项目建设的"最后一公里"，为提高农村公共服务的整体水平奠定了坚实的基础。

1. 增加了经济效益

通过"农民工匠"模式，可以大幅度地缩短工程建设周期，显著提高资金利用率，有效地减少建设费用。在简化流程、减少传统费用的基础上，转变传统的"包工""包料"的建筑施工方式，实行"自主采购"施工材料的方式，最大限度地利用了当地资源，为单项工程节约成本30%左右。从2019年10月到2021年9月，惠来县共实施889个"农民工匠"工程，已完成747个，按照常规方式应投资45404万元，累计投入31802万元，实际节约资金10403万元。

2. 具有较好的社会效益

这些项目是看得见的、摸得着的、透明的、公开的，是需要广泛动员的，要使村民有参与感、获得感、责任感。例如，溪西镇一些村庄聘请有劳动能力的贫困户担任工程的泥匠、会计等，每天为脱贫户增加150~250元的收入，既实现了脱贫户就业增收，也让脱贫户在劳动中得到了技能培训。

3. 推进农村建设、治理、共享

传统的农村公共服务和其他建设项目，都是镇村两级政府委托施工公司来完成，农民几乎没有参加，所以收益很小。通过"农民工匠"模式，让农民参与到自己家乡建设的各种公益事业，从而理解政府如何花钱、如何建设，提高对农村建设的认同感和支持度。"农民工匠"模式使农民成为农村公共服务的受益者和建设者，真正促进了农村社会的和谐共治。

三、重庆市长寿区农民自治管理模式

重庆市长寿区民政局通过强化社区治理机制，将社会治理重心下移到基层，使政府治理与社会调节、居民自治良性互动，积极创新社会工作服务模式，深入挖掘文化内涵，打造优势产业，完善治理结构，探索出助力乡村振兴的"三体共建助推美丽乡村建设"新模式。长寿区的实践过程，既惠民利民，又完善了民生服务效能。同时，农民自我管理、自我服务的积极性被调动起来，体现出农村公共服务的便捷性和亲民性。

长寿区于2011年率先在重庆市推进农村公共服务和社会管理体制改革，并制定了《长寿区推进村级公共服务和社会管理工作试行方案》，将村级公共服务和社会管理项目列入重庆市政府财务预算，为村民民主决策提供了有力的资金来源和保障。

在资金分配上，按照村户籍人口、村域面积等因素，分别制定相应的专项拨款。各村基础金额为5万元，其中有3000户籍人口的或面积5平方千米以上的村庄，每村增加1万元；位于山区的村庄，每村增加2万元。2013年，还按照每村新增的用地，增加了5万元的包干补贴。这为农村公共服务和社会管理项目提供了一个基本投资框架。

长寿区自2016年起，在农村公共服务和社会治理工程中投入5000多万元，实施了800多项村级公益项目，既在小型项目上实现了村民民主决策，也在大型项目上做到了政府主导与把控，二者互相补充，弥补了之前农村公共服务存

在的很多短板,使村民的生产生活条件得到了极大改善。

(一)创立"村民议事会"机制,让村民在经费使用上真正自己"说了算"

为了防止专项资金运用不当或公众想法不同而产生矛盾,长寿区摸索出"村民民主议事委员会"机制。设立"村民议事会",由议事会收集意见,村民代表民主评定后进行全面公示,调动村民在项目审批、执行监督方面参与的积极性,有力地促进了专项资金投入与基层民主管理的互利共赢。

首先,在长寿区,村民代表选举出由20名以上的村民组成的民主议事小组,开展议事活动(图4-16),并以村党支部委员会、村民委员会成员为限(以10%为限),推荐办法和议事决策程序由街道镇政府统一制定。族中长辈、致富能手、贫困户等均可加入到议事团中担任"议事员",从而形成了一个广泛的代表群体。"议事员"是一个独立于村委会之外的基层民主管理机构,其主要任务是收集村民对项目执行、资金分配等方面的意见,以不记名投票的形式决定项目的执行顺序,并对项目的进度和资金的运用进行监督。

图4-16 积极举办村民议事会活动

其次,项目的专项资金到了村里,由村党支部委员会、村民委员会、议事会共同商定,确定项目的优先顺序,再进行公示,征求村民的意见和建议(图4-17),最后由议事会审议通过。村委会主任的职责是召集村民议事,不干涉"议事员"的表决。在项目决策与执行的整个过程中,村民从"旁观者"的角色转变为"决策者",参与政府事务、社会治理,增强了村民的民主决策意识和民主管理能力。

图4-17 议事会上村民签字确认村级公共服务项目

与以往"群众说、干部做、民主监督、群众满意"的做法相比,"村民议事会"机制下项目公开、过程公开、经费公开,让每个人的钱都能发挥作用,让基层干部干工作更轻松顺畅,让群众满意度更高。

(二)鼓励村民参与,创新三级联动机制

在项目执行阶段,政府主要负责资金的分配和财务管理。长寿区制定了"十三五"基本公共服务目录,组建了工作推进小组。组内包含区民政局、区财政局、区农业农村委等单位的干部,区级部门负责统筹协调和业务指导,街镇承担保障责任工作,村组织落实项目的具体实施。通过将工作主体下移、权力下放,探索出区、街镇、村三级联动保障机制,在为群众服务过程中,分工明确、责任明晰、效率加倍,获得了群众称赞。

同时,项目的确定、规划、实施、验收都是有村民参与的。目前,农村公益事业经费在事前决策、事中监督、事后评价三个方面都是"人民说了算",政府主要承担资金的发放与管理,所有的项目都由村民来承担。

长寿区还在项目完成后,对群众进行绩效评价和部门联合抽查。首先是村内的自我检查,然后向街镇财政所、民政办、农办等部门的相关负责人提出验收;通过后,街镇将向区县联合工作组提出进行抽查,区民政局、区财政局、区农业农村委将分别派出一批人,按照20%~30%的比例,对发现的问题进行整改和纠正,确保项目的顺利实施,确保财政资金发挥应有的效果。

长寿区基本形成了农村公共服务和社会管理议事规则、议事会谈话规则、议事会表决制度等,每个项目都要从群众中产生,接受群众监督,实行效果由

群众评价,在公共服务和社会管理上,让村民真正"说了算",村民不再是"旁观者",而是管理上的主人,不仅享有知情权、监督权,而且享有参与权和决策权。高效率的参与性让村民有了更强烈的自信和充实的幸福感,也提高了基层民主自治的质量。

长寿区在农村基础设施建设方面进行了改革,解决了"老百姓要干没钱干,政府干了群众不买账"的难题,搭建起一条干部群众和谐信任的纽带,在各村评议中,群众满意度超过95%。

在农村,对公共服务投入的保障问题,是村干部和广大村民长期关注的问题。重庆市长寿区在推进乡村公益事业的实践中,探索出三条有效途径,分别为建立投入保障机制、设立村民议事会、形成三级联动制。通过这三条途径,让村民有资金议村子的事儿、办村子的事儿,结果是村民的自发性、自觉性大大提高,大家的事儿成了自家的事儿,有效激发了村民自我管理、自我服务的积极性、自觉性,提高了农村公共服务的可及性和便捷性。

第五章 多措并举推动农村公共服务高质量发展

第一节 构建以政府为主导的多元供给体制

一、确立政府在农村公共服务中的主导地位

在我国社会转型的关键时期,对公共服务问题的研究显得尤为重要。从实践来看,我国目前存在的一些公共服务问题(如市场失灵),可以通过服务市场化、强化监管、招标投标、直接供应等方式来调节公共服务的全过程进行解决。要真正有效地解决当前的社会公共服务问题,加快社会公益事业发展,必须确立政府在农村公共服务中的主导地位。

公共服务的特征及目前我国公共服务领域所面临的问题,都说明政府不再是单一的公共服务供给主体,而应与社会组织、民众、市场等其他主体共同参与、开展公共服务,逐步实现公共服务社会化、市场化。只有如此,公共服务才能真正地走向良性发展。

二、激励和支持公共服务多元合作供给

目前,建设以政府为主体的多中心供应体系是推动农村公共服务高质量发展、促进乡村振兴的必由之路。

(一)明确各主体的地位和作用

建设以政府为主导的多中心供应体系,必须对包括政府在内的多种社会主体的定位与功能进行清楚的界定,从而明确其合作与互助的动力。事实上,在我国的生产和生活中,存在着许多公共产品和纯私人物品之间的、公共程度不同的"准公共产品",这就从客观上决定了有效的农村公共产品的供给应该是政府和市场、公共部门和私人部门的复合调节。一般而言,所有的非专有性、非

竞争性的农村纯公共物品的供应都应该完全由国家来负担,这些费用则应该由国家财政来负担。而对于具有非专有性、非竞争性特点的准公共物品,可以根据其性质,探索社会化、市场化的多元供应途径。

(二)规范政府责任

在对不同的公共服务性质区别划分的前提下,必须明确和规范政府的职责。一是要从欧美等发达国家的政府间合作中吸取教训,以受益范围、财权、管辖权相统一、法治化为基本原则,对我国各级政府和政府部门的农村公共服务提供职能进行科学、合理的划分,并加以系统的法律化、制度化。二是要加强政府在农村公共服务领域的供给。通过市场化、社会化路径推动农村公共服务发展,并非意味着政府可以将责任、"财政包袱"交给市场和社会。实际上,政府只负责提供服务,而非服务职责;不是逃避责任,而是要主动转变职能,改革和创新农村公共服务的方式方法,承担更多更重的职责。其内容包括:适应多个中心供应,必须加速政府职能的转换,从"大包大揽"到"分工精细",由公共服务的"直接提供者"转变为"监督者""合作者""促进者""发包人";培育、完善和维护公平竞争、高效的市场机制;建立和完善农村公益事业的法律制度和规范制度;明确农村公共服务合作提供的范围与程序;加强对农村公益事业单位的监管和协调;及时、有效地向社会公布农村和农业公共服务现状;推进机构分类改革,切实提升机关行政管理工作的绩效;深化体制改革,大力推进政府购买服务、特许经营、用者付费、补助等合作模式,探索政府在农村公共服务中发挥政府作用和市场作用相结合的新形式,努力引导、激励和支持民营企业、非营利组织等社会力量参与农村公共服务供给过程。

(三)确定党建引领协同治理的主导性

通过党组织建设,提高协同治理各个主体自身的思想境界及加强互动联系。党政军民学,东西南北中,党是领导一切的,必须坚持党对一切工作的绝对领导,党的初心和使命是为人民的美好生活而奋斗,基层政府进行协同治理必须贯彻这一重大使命。要发挥好基层党组织的战斗堡垒作用和党员模范带头作用,在政府、村庄、企业、村民等协同治理多元主体内发挥团结其他成员、提高整体思想认识的积极作用,通过"三会课""四日合一"等党内教育的方式,结合"不忘初心、牢记使命"主题教育和党史学习教育等教育实践活动,将协同治理的理论说清讲透,在治理实践中,调动治理主体内其他成员的积极性,使之参与协同治理。同时,要通过党组织加强协同治理多元主体之间的联系。基层党委是辖区内所有基层党组织的上级组织，可以最大限度地沟通协调辖区内基层党组织关于基层政府协同治理的意见和建议。

（四）加强协同治理参与人员素质建设

非常之期要有非常之举，非常之举要有非常之策。社会环境的不断变化更新，对协同治理的人员素质是一个巨大的挑战。社会治理是一项系统性、整体性、协同性的工作，提高基层政府治理能力的关键是要提高参与人员的素质。不论是基层政府的工作人员，还是村庄工作人员，或是企业经营者，其终日忙于事务性工作，容易忽视自身综合素质建设，可能会缺乏大局观和敏锐度，不能很好地领会贯彻协同治理模式下政府的行政意图。这就要求我们不能将眼光局限于自身的工作岗位，而要转变过去"被动接招"的惰性思维方式，树立"主动出击"的政府服务思维方式，通过加强理论学习、在工作中体悟实训等方式，反思自己工作的不足之处，纠正自身的缺点，不断提升自身素质，有力地开展基层政府社会治理工作。

（五）健全完善协同治理沟通运行机制

良好的沟通有利于成功解决问题。在社会治理过程中，所涉及的群体众多，利益诉求复杂，基层政府需要把握时机，不断地找寻各个群体利益的最大化，以保证协同治理能被社会所广泛接受，从而提高行政效率。运用协同治理理论提高基层政府治理能力，不仅要靠党组织联系这一渠道，而且要建立健全协商机制。为此，基层政府应牵头建立定期召开的协同治理推进联席会议，畅通协同治理多元主体反映问题的渠道，定期进行协同治理的反馈回访，形成新形势下的协同治理良性互动，减少因协同治理而产生的社会矛盾。同时，要顺应信息化趋势，利用"大数据""互联网+"等思维方式、技术手段，大力推进网格化治理平台建设，建立扁平化、网格化的社会治理队伍，破除多元治理主体间的利益鸿沟、信息壁垒，提升政府治理能力。

三、建立高效的政府协同机构

在我国市场经济条件下，政府对农村公益事业的投资行为进行了宏观调控，当前，调控力度不仅没有削弱，反而越来越强化，而且在行政上的责任也越来越清晰。我国农村公共服务部门涉及农业、财政、金融、科技、住建、教育、林业、国土资源、环保等多个方面，在有些地方，宏观调控的质量和效率不高；部门内部按照行业和整体进行细分，层级增多，可能出现重复劳动、效

率低下等问题。为此，必须进一步推进体制改革、理顺关系、提高效能，以构建一个有效、有力的行政机关。

第二节　完善监督机制，健全法制体系

目前，我国农村基本公共服务体系建设过程中存在的一个重要问题是法治化的欠缺，因此，亟待构建农村基本公共服务法治化体系。通过完善法治化框架，优化法治化内容，在全社会树立法治化思维。

一、优化农村基本公共服务法治化框架

2005年以来，公共服务法律框架基本形成。但我国农村基本公共服务体系法律框架还有待进一步优化。

（一）明确政府在基本公共服务供给方面的责任，构建服务型政府

1. 强化政府服务理念

思想是行动的向导，政府只有强化服务理念和服务意识，才能从根本上对服务型政府有一个实际的认识，才能自发地构建与经济、人文等各要素相匹配的新型服务型政府。第一，必须牢固树立为人民服务的宗旨意识。各级政府及工作人员要进一步提高思想认识水平，牢固树立为人民服务、对人民负责的宗旨意识。第二，树立以人为本的意识。新时代服务型政府的价值理念是以人为本、以服务为本。因此，在推进服务型政府建设过程中，要坚持发展为了人民、发展依靠人民、发展成果由人民共享。第三，要强化廉洁高效意识。建设人民需要的廉洁高效政府，是新时代建设服务型政府的重要目标。这就要求各级政府要提高自我修养，加强廉洁意识建设，摒弃落后的意识形态，提高政府的行政效率，降低民生成本，从意识形态层面建设符合人民需要、符合新时代服务型政府要求的廉洁高效政府。

2. 切实转变政府职能

第一，突出政府公共服务的职能。政府要转变职能，就要将政府职能重心转移到公共服务领域。政府不仅是管理人民的组织，而且是提供满足人民需求的优质服务的组织，这既是新时代服务型政府建设的需要，也是实现社会主义现代化的必然要求。第二，充分发挥政府的调控职能。市场经济发展的关键就是处理好市场与政府的关系，全面振兴、全方位振兴需要政府切实转变职能，

充分发挥调控职能，提高行政效能，在经济发展中充当助推手的角色。

3. 增强公众民主参与度

政府决策环节缺少社会公众的参与，是服务型政府建设过程中的突出问题，因此要增强民主参与度。第一，拓宽民众参与渠道，充分保障公众的参与权和监督权。例如，设置政民互动的专栏、政府信箱、调研统计栏目等收集民众意见并及时回复，将公众最关心的问题集中展示，列出可行的解决办法。另外，积极推进网络新媒体的服务作用。在新媒体上打造政务平台，与政府网站建立联动机制，方便公众在网络上建言献策，提升沟通的效率。第二，建立政府回应机制。创新多样化的回应方式，除了在网络上张贴回复通知，还可以通过开展现场交流座谈会等多种方式，零距离地进行现场互动交流，回答公众关心关切的重大民生问题。第三，保障公民监督权利。建立常态化监督机制，拓宽监督渠道，在公众中选聘群众监督员，发挥好群众监督员与群众的纽带作用；建立奖优惩劣机制，对认真维护民众民主参与的政府人员进行相应的奖励，对漠视甚至拒绝民众民主参与的政府人员进行惩戒，从而切实保护民主参与在服务型政府建设过程中发挥应有的作用。

4. 健全政府服务体系建设

服务型政府的建设需要落实到具体的措施上。第一，健全政府服务中心建设。不仅要做到各级政府全覆盖，也要覆盖更多的政府部门业务，使人民群众办理事务实现"最多跑一次"。第二，构建服务型政府绩效管理体系。首先，健全和规范服务型政府绩效管理组织的组织办法，使规范高效的服务型政府绩效管理组织尽快得以建立健全；其次，引入合理有效的评估标准，建立科学有效的评估程序和办法；最后，建立科学有效的奖惩制度，最大限度地调动政府工作人员的工作积极性。第三，加强和完善公共服务监督机制。一方面，充分发挥各级人民代表大会对同级政府在服务型政府建设进程中的监督作用，同时加强政府体系中上级政府对下级政府的督促指导作用；另一方面，发挥人民群众在服务型政府建设进程中的监督作用。

（二）明确农民的权利条框，完善农村基本公共服务的法治化内容

1. 完善社会保障体系

目前，农村社会保障工作还存在着建设滞后的问题，为了使社会保障在农民增收中发挥更好的作用，要以社会保险、社会救助、社会福利为基础，以基本养老、基本医疗、最低生活保障制度为重点，以慈善事业、商业保险为补

充,完善社会保障制度。在社会保险上,要完善城乡衔接制度,明确各种农村养老保险制度的缴费标准。在社会救助上,要优化对象结构,在现有基础上,提高对低收入家庭和临时困难型家庭的救助规模,切实发挥社会救助的兜底保障作用。在社会福利上,政府要及时对相关申请进行调查核实、缩短审批和落实周期,使急难情况及时得到救助处理。此外,要完善慈善救助的项目内容,拓宽慈善救助空间,尤其是针对农民的慈善救助范围要放宽,条款要更具有针对性,可以设立农民救助保障资金。

2. 构建农村社区安全体系

党的二十大报告强调,要"健全共建共治共享的社会治理制度"。为此,要在政府统筹协调、社会力量积极参与下,进一步健全完善农村综合治理工作机制,促进农村社区安全常态化。在现有制度措施的基础上,结合农村社会治安防控治理形势复杂、防控手段欠缺、长效机制有待完善、没有固定模式等问题,进一步健全完善治保、调解、普法、帮教、巡逻的组织机构、责任义务、工作制度,规范工作内容和方法,完善保障措施,使农村社会治安综合治理工作有效运转。在此基础上,进一步落实安全体系建设责任制,将社会治安综合治理工作列入当地乡村建设目标考核。

3. 繁荣农村社区文化

加强农村社区文化活动场所建设,鼓励将闲置学校、礼堂、宗祠等改建为农村社区文化活动室。以法治化形式发掘、整合和保护农村优秀传统文化资源,培育农村民间文化团体,弘扬农村传统技艺,逐渐使农民成为农村文化建设的主体。

(三) 从法律层面规定政府部门农村基本公共服务供给的最低标准

1. 制定公共服务实施标准

结合实际制定各地区基本公共服务具体实施标准,并与国家标准和行业标准规范充分衔接,进行财政承受能力评估,确保内容无缺项、人群全覆盖、标准不攀高、财力有保障、服务可持续。

2. 细化公共服务规范流程

对照国家标准认真查缺补漏,进一步细化充实本地区的相关服务规范和服务流程,确保国家规范制度落地落实。已有国家统一规范的基本公共服务项目,各地区要根据不低于国家规范执行;对于暂无国家统一规范的服务项目,各地区要根据国家有关要求和本地区实际情况明确相关标准,纳入本地区具体实施标准。服务项目、内容、数量等超出国家标准范围的，要加强事前调研和风险评判，确保符合国家法律法规和制度规定，切实保障本地区人民群众关心关切的重大需要，并控制在国家标准可承受的规模之内。

3. 注重公共服务评估反馈

充分利用政府公报、政府网站、新媒体等平台，及时公开各项基本公共服务标准，畅通意见建议反馈渠道，方便群众获取信息、参与标准监督实施、维护自身权益。委托第三方开展基本公共服务社会满意度调查，加强基本公共服务标准实施效果反馈，及时妥善回应社会关切，自觉接受群众和社会监督。各地人民政府要将基本公共服务标准实施作为民生保障的重点任务，开展基本公共服务达标行动，尽力而为、量力而行，切实保障人民群众的基本公共服务权益。相关行业主管部门要统筹做好本地区基本公共服务标准落实工作，组织对实施情况的联合检查和效果评估，加强实施监测预警，有重大情况及时报告。

二、完善农村基本公共服务法治化制度

在我国，农村基本公共服务的法治化程序是行政程序，农村基本公共服务是政府为农民提供基本公共服务的过程。完善农村基本公共服务制度，必须深入贯彻落实服务型政府理念，提升政府部门公共服务供给的效率与质量。完善农村基本公共服务制度，要从以下三个方面着手。

第一，针对不同的公共服务，制定不同的行政程序。对于影响农民享受基本公共服务的行政程序，应制定严格的规范来限制政府部门；对于不直接影响农民享受基本公共服务的行政程序，应赋予政府部门自由裁量权。

第二，制定农村基本公共服务的法治化监督制度。要建立农村基本公共服务的行政监督机制，监督相关部门履行公共服务供给的职责，建立农村基本公共服务供给的考核目标，完善公共服务供给的问责制度。

第三，完善农村基本公共服务法治化救济机制。细化农村公共服务的救济范围，扩大救济途径，将行政复议、行政诉讼等正式救济机制与调解、协商等非正式救济机制相结合，调解农民与政府之间的合作问题。

第三节 培养建立与农村公共服务相适应的人才队伍

农村发展需要激发农村经济的内在动力。但是，由于农村自身的基础和软硬件条件差，劳动力、资金、人才、技术等要素外流多于内流。要扭转这种局

面，就需要以市场为导向，以农村新经济发展需求为重点，补齐公共服务的短板，吸引要素回流，推动乡村向现代化迈进。提高农村公共服务的质量与引进和培养优秀的服务人员之间是相互影响、相互促进的关系。

一、挖掘培养农村本地治理能力带头人

培育一支懂农业、爱农村、爱农民的队伍，一位好书记、一种好制度、一批好的党员，才能造就一批优秀的乡村发展和建设带头人。同时，要充分利用本地"乡村精英"的力量，把"乡村精英"引入乡村治理，激发他们的积极性，发挥带头带动作用，解决好乡村精英型人才短缺的问题，重塑和谐内生的乡风，促进乡村振兴。

（一）对学员进行精确的训练

要做好调研、摸清形势、抓住问题、总结经验，持续发挥典型引领示范作用，建好党支部、选好带头人，把基层党组织战斗堡垒作用充分发挥出来。

（二）培养农村实用技术领军人物

要准确培养农村实用技术领军人物，一方面要从"田间地头"中选拔，把培训工作铺开、把安全保卫起来；另一方面要培育具有较高管理水平和较高公共服务能力的中坚力量。

（三）精准规划教学

突破农村人力资源的瓶颈，关键在于发掘和培养。在新发展阶段，随着农村经济的全面发展和农村现代化进程的推进，农村的人才供需矛盾日益突出。而在现实生活中，基层的实用型人才更是面临着繁重的行政压力和多元的社会需求。要推动农民教育、精准规划教学，就要把重点放在基层工作的难点上，"靶向"着眼于提高领导的实际素质能力，解决乡村振兴人才的"渴"和能力的"困"，提高人才的核心竞争力。

（四）精准搭建平台

要充分发挥人才培养的高地优势，建设一个具有良好发展前景的培训示范平台，如建立"乡村实用技术领军人物之家"网上学习平台，及时发布培训信息，上传公共学习资源，积极开展培训。要引进"新农具"这一先进思想，既适应农民的生产、生活、学习的特点，又做到随时学、终身学，更能通过新媒体、新渠道了解新业态、新资讯，掌握新技术、新项目。要充分发挥省、市、

区的资源禀赋和主导产业差异化的特点，引导鼓励学员展示特色农产品，在学员之间建立起密切联系，形成合理、健康、良好的发展关系，并开展跟踪服务，促成学员达成信息、项目、技术、产销对接等合作协议。

二、培养一批农村公共服务管理专业人才

（一）建立完善地方性高职院校乡村公共服务人才培养制度体系

要真正把高职教育和普通高等教育放在同一位置，改变"重城市轻农村，重普教轻职业"的观念，在实践中体现高职教育的重要性。政府要出台相关的扶持政策，制定具有吸引力的政策，以吸引优秀的大学生参加乡村振兴。

要充分认识和利用高职院校的优势，促进农村经济发展。利用高职院校的人力资源和智力资源，对其制度体系、思路、产业发展方向等问题进行深入的探讨，构建具有地方特色的农村公共服务发展思路与格局。

加快农村新型学校培训项目建设，建立"农村创业孵化园"，加大对农村优秀人才的引进力度，实行"双创"财税政策，吸引本市非农业户口的年轻人主动投身"三农"。

（二）建立完善与乡村振兴相适应的人才培养动力保障制度体系

农村社会的经济结构和社会文化的多样性，使得农村社会对人才的需要具有特殊性，只有充分调动政府、学校、学生的积极性，才能为农村社会事业的发展提供动力。政府在调控中扮演着重要角色，要确保农村公共服务人员的培训工作能够顺利、高效地开展，就需要从组织管理、资金投入、政策法规等多个方面进行完善。

在借鉴各国实施高投入、低成本的做法后，我国政府在农业职业教育上的投资力度有所增加。为促进学生接受职业技术教育，国家要制定相关的政策和措施，如对师范、农林、地矿等高校的学生给予一定的优惠，对从事农业、农林、地矿等职业的学生提供奖学金、助学贷款、减免学费等。

第四节　数字技术融入农村公共服务

公共服务和数字化融合是指利用信息技术构建网络技术服务平台，高效、方便地为公众提供社保、就业、治安、医疗、教育等方面的服务。信息化具有跨时空连接、大容量存储、信息互动等特点，这些特点使得信息化在公共服务

领域的场景应用中打破了时间、空间的多重限制,让人们可以通过信息技术在任何场合便捷地获取各种资源,并快速与他人分享。这些优势有助于消除传统公共服务供给主体和客体之间的信息不对称鸿沟,能为促进城乡公共服务均等化、数字化提供前所未有的机遇。

一、与数字化融合,优化农村教育资源

(一)推进制度体系创新,全面提升农村教师信息化素养

要大力推进农村教育信息化,积极反复深入地探讨研究和创新人才培养模式。要构建分级信息素质教育体系,实施一系列面向农村教师的专项培训。要进一步完善城乡建设协同发展的协作制度体系,建立由城乡技术专家、技术人员、一线教师组成的城乡应用、保障、科研队伍,努力营造"协同合作、优势互补、成果共享"的工作环境,提高农村教育信息化水平。此外,要创新运用制度体系,调动农村教师的主动性,改变"要我用"的思路,确立"我要用"的思路,提升教师的信息素养,把信息技术运用到课堂教学,以提高教学效果。

(二)推动建用同步,拓展农村学校优质数字教育资源

坚持"建设与应用并重"的思想,重视建立高质量数字教育系统,广泛搜集和开发符合乡村教育教学需要的数字化资源,精心选择合适的数字资源,扩大优质数字教育资源的覆盖区域。尽快达成数字化教育资源的共建共享,缩短城乡之间的差距,促进农村和城市之间协作,推动村教育发展。各级政府要积极建设教育资源公共服务平台,保证每所农村学校都能享有教育信息化的成果,让更多的优质资源真正走进农村的教室(图5-1)。

图5-1 湖南省新化县一所农村小学的学生在电教室学习电脑编程

（三）持续推动农村学校教育数字化融合发展

农村中小学信息化能够有效地解决乡村教育中存在的一些问题，将信息化技术融入到课堂教学，增强农村教育效果。农村学校的教学模式应该由"建设思维"向"应用驱动"过渡，由以基础设施为主转向以信息化为主。同时，要建立"专递课堂""名师课堂""名校网络课堂"等多种远程互动课堂，以达成教育资源的平衡；要结合实际推广应用信息化装备，开展农村学校智慧教室、学科教室、创客教室等建设，进一步提升农村学校使用信息化装备、缩小城乡差异的能力。

（四）加大农村教育资源数字化投入力度

首先，可以通过政府、教育部门、社会组织等方面的支持，加大农村教育建设的资金投入，采取"打包采购"的方式，选择实力强的技术队伍，解决设备更新缓慢、维护困难等问题。要加强对农村中小学信息化建设的统筹协调，合理增加教育经费的投入，强化农村中小学信息化建设，推动教育信息化资源向农村学校倾斜。

（五）建立完善农村数字化教学督导考评制度体系

政府要联系实际，制定相应的标准和规范，编制农村教育信息化指数，把农村教育信息化作为主要的衡量指标，并将其纳入政府绩效评价体系，定期组织督导。同时，信息化建设要由"管建设"向"管应用"转变，由注重硬件建设、资金投入等外在指标向注重数字教育资源、教育信息化服务、教育教学绩效等隐性指标转化。

二、利用数字化手段，提高农村医疗服务质量

为了提升村民的幸福感、安全感，必须推进医疗数字化。

（一）科学规划，健全顶层设计

从健康中国和乡村振兴战略的全局来看，必须把巩固脱贫成果与乡村振兴有机联合起来，将"乡村振兴"作为"三农"的重要抓手。具体要从规划与政策、基础设施建设、服务平台建设等方面着手。

1. 制定发展规划与政策

当今世界，大数据、人工智能、生物技术、量子信息技术等技术的交叉融合，正在掀起一场新的技术革命与工业变革，新技术也催生了新的发展动力。

卫生保健是一个关乎国家和人民生活的重大行业，其在"互联网+"的推动下已经进入一个新阶段。为此，政府应从规划设计、法律保障、政策扶持等方面促进其高效发展。

就法律保障而言，"互联网+医疗"是社会发展、科技进步的结果，其自身特点也是一种医疗活动。与传统医疗相比，"互联网+医疗"涉及面更广，参与主体更多，安全风险更高，直接影响人民的生命健康和社会的稳定。所以，迫切需要将网络医学的监管纳入法律规范，并将其提升到法律层面，不仅要重视网络与医学的融合所引起的安全问题，更要把握其所涉及的信息风险。例如，在保护范围、保护义务、侵权责任、责任追究等方面，都要有明确的法律条款和司法解释。

在政策支持上，一是要加强政策体系建设，把创新制度体系和风险防范有机地联合起来，统筹规划部署，积极推进医保体制改革、卫生体制改革、药品流通体制改革同互联网医疗协同，稳步推进与健康中国战略相匹配的农村"互联网+医疗"服务体系和全民健康信息服务系统建设。二是要加强对医疗机构的支持，持续提升医院的管理水平，把"互联网+"技术运用到医疗服务领域。例如，整合现有医疗资源，优化医疗服务布局，量化医疗机构和医护人员参与网络医疗服务的效率、时间、服务数量、病人满意度等指标，并将其纳入评优评先的考核指标。三是要建立规范化的制度和高效的农村服务规范闭环和运作制度体系。与此同时，要强化监督管理体制，加快构建"互联网+医疗"监控系统，强化技术控制，防止"野蛮生长"，推动"互联网+医疗"健康、有序发展。

2. 加强网络基础设施与软环境建设

针对我国农村信息化水平较低的现状，必须加强农村的基础设施建设。首先，要坚持"宽带中国"战略，加快新一代信息技术的研究和开发，提高通信网的服务质量，加快农村光纤网的改造和完善。其次，要支持发展云计算、物联网、大数据等技术，使迅猛发展的信息计算和整合准确的数据分析为农村健康发展提供有力支持。建立和完善各电信公司之间的整合制度体系，确保信息高速公路畅通，促进资源共享，为健康农村的发展打下坚实的网络基础。

3. 构建智慧健康乡村服务系统

"互联网+医疗"已经成为我国的一项重要政策。在云计算技术支撑下，农村的健康发展将以打通医、药、险三个环节为核心，构建"健康服务机构"线上模式。这种模式在没有考虑到医疗机构地域分布的情况下，使有限的医疗资源能够更好地覆盖广大使用者，从而能有效地解决乡村医疗资源相对匮乏、医疗服务水平低下、看病贵等问题。在"智慧健康"农村建设框架下，政府要主导建立健全医疗保障政策与监督制度体系，整合各地区的资源，推进区域智能医疗系统建设，不断完善公共卫生与紧急医疗服务系统。

（二）建立乡村远程医疗管理模式

1. 打造线上线下一体的智慧卫生院

自2015年实施分级诊疗以来，其成效并不明显，主要表现为基层单位首诊率低、转诊困难、病人知晓率低、医生知晓率低、转诊意识低等问题。首先，要充分利用基层医院的基础设施，为广大农民提供高质量、高效率的医疗服务。要充分发挥基层医院的优势，强化信息化技术支持，加强基层医疗网络基础设施建设，改善就医环境，优化就医流程，提高医院的品牌形象。其次，要利用网络的优势，将现有的信息资源整合起来，搭建一个集线上、线下于一体的智慧医疗卫生服务体系，构建一个涵盖医疗卫生、公共卫生、医院管理、卫生监督等的卫生服务体系。要深入推进居民电子健康档案、电子病历建设，将健康大数据平台和公共健康信息平台进行集成，促进数据共享，达成线上疾病监测、传染病防控、慢病随访等，从而提供更精准的公共卫生服务。此外，需要进一步扩大移动医疗市场，一方面，要加速研发、制造智能可穿戴式医疗器械，以达成对人体健康状况的动态监控；另一方面，要发展移动医疗终端，让居民足不出户就能享受预约、诊疗、转诊、咨询等医疗服务。要建立"家庭医生签约管理"服务平台，达成在线健康管理、健康指导、健康处方等功能。此外，还要达成"一站式"的结算。这样，居民可以在家里享受到便捷、高质量的医疗服务，做到小病不出村、大病不出县。

2. 构建互联互通互享的智慧乡村医疗

互联网最吸引人的地方就是它能跨时空共享资讯。而数字卫生农村建设的难点在于达成各地区所有医疗单位的数据统一。

做好线上"云"治疗工作，需要运用先进的技术手段进行数据分析，引导患者最近就医、有序就医，从而节省时间成本，缩短就医流程，更加高效地完成诊断工作，降低就医成本。在运用相关技术手段进行医疗治理后，仍可以通过线上的相关功能进行患者康复诊断和康复的指导工作（图5-2）。这样，可以用更短的时间和更少的费用达到更高的效率和更好的治疗效果。医护人员还可以利用技术信息平台进行复盘，对远程会议和学术会议的内容进行重复学习，不断完善研究内容，提高服务水平。利用信息平台相关数据，医生可以更加直观地了解到病人的病史，以便更好地开展诊断治疗。

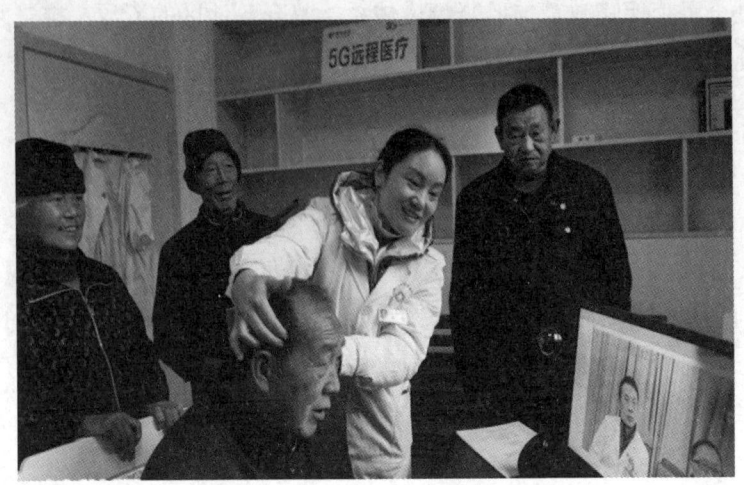

图5-2　农村村民5G远程医疗会诊

推动农村公共服务高质量发展过程中，需要加强医疗信息系统规范化的建设和实施，培养相关技术性人才，完善相关数据信息化制度，将健康的农村信息平台与智慧的农村平台有机连接，使有用数据自由流通，确保医疗过程的有序高效开展，最大可能给医生提供最好的判断依据，让医生可以更好地作出判断、更快地诊断治疗。

（三）以数字化技术为支撑，健全乡村医疗人才资源保障制度体系

1. 加强乡村医生网络使用技能培训

网络技术是否能够应用于"健康农村"，不仅取决于科技自身的发展水平，而且取决于医疗工作者利用网络的能力。随着网络技术与医疗行业的持续提升融合，对医学相关专业技术人才的素质要求也日益提高，因此要着重培养基层医师的网络使用技能，让他们除了熟练远程医疗、公共卫生信息平台等的基本操作，还要具备管理、整合和处理各种信息数据的能力，以保证正确识别各种医疗信息。

2. 使用数字技术对农村医生进行医学技能培训

一是要通过网络技术对农村医生进行医学技能培训，不断提高基层卫生院、村卫生所的网络医疗服务水平。二是要加强对医院管理人员的培训，使医院的管理人员能够更好地发挥领导和决策作用。三是要进行数据资产管理、维护、开发等方面的定期培训，以提高数据资源的利用率。四是要从政策、操

作、诊断指导等方面对在线医护人员进行系统的培训,以保证网络医疗的安全性。五是要建立健全医疗机构的准入制度,明确医疗机构的从业年限、经验、信息技术能力,以防止医疗机构的安全风险。

3. 建立激励制度体系

对从事网络医疗的医师实行绩效奖励,对参与网络技术培训的医务人员进行财政补贴,并鼓励医护人员参与网络医疗服务,以激发其参与培训的热情。

(四)系统支撑,实施人群健康促进计划

网络医学的发展使患者可以在网上查找自己的病症,也可以为医患之间的不对称提供一个平衡点。因此,有关部门要建立相应的法规体系,对有关的医疗服务站点进行严格的监管,以确保病人在网上得到更多的准确信息。

参考文献

[1] 吕新发.农村基本公共服务制度创新:基于均等化目标下的研究[M].北京:光明日报出版社,2012.

[2] 魏丹丹,康维波.城乡一体化进程中的农村公共服务供给创新研究[J].理论观察,2016(6):99-101.

[3] 廖彩荣,陈美球.乡村振兴战略的理论逻辑、科学内涵与实现路径[J].农林经济管理学报,2017,16(6):795-802.

[4] 李顺毅,贺红兵.贫困地区农村公共服务改善与精准扶贫联动发展对策分析[J].农村经济与科技,2017,28(7):249-250.

[5] 韩俊.农业供给侧结构性改革是乡村振兴战略的重要内容[J].中国经济报告,2017(12):15-17.

[6] 吴冰琪.当前我国农村公共产品供给面临的困境及其原因分析[J].经济研究导刊,2017(35):31-32.

[7] 刘晓雪.新时代乡村振兴战略的新要求:2018年中央一号文件解读[J].毛泽东邓小平理论研究,2018(3):13-20.

[8] 韩俊.实施乡村振兴战略将从根本上解决"三农"问题[J].农村工作通信,2018(2):50.

[9] 温思美,黄冠佳,郑晶,等.改革开放以来我国三农问题关注重点变化及其演进逻辑[J].农业经济问题,2018(12):4-13.

[10] 曾福生,卓乐.实施乡村振兴战略的路径选择[J].农业现代化研究,2018,39(5):709-716.

[11] 蔡达.乡村振兴背景下农村公共服务的发展[J].经济研究导刊,2018(30):25-27.

[12] 张建清,刘雪.我国农村基本公共服务共享发展的思路创新[J].当代经济,2018(9):92-96.

[13] 杨楠楠.当前我国农村公共服务供给现状研究[J].行政事业资产与财务,

2018(3):44-45.

[14] 陈涛.乡村振兴背景下农村公共产品供给研究[J].绥化学院学报,2018,38(9):28-31.

[15] 李云.乡村振兴战略背景下农村公共服务精准供给研究[J].乡村振兴,2018(5):36-39.

[16] 冷忠燕,靳永翥.乡村振兴背景下农村公共服务供给机制的创新及实现路径研究:基于内生性供给的理论视角[J].中共福建省委党校学报,2018(12):61-70.

[17] 魏后凯.当前"三农"研究的十大前沿课题[J].中国农村经济,2019(4):2-6.

[18] 陈秋红.乡村振兴背景下农村基本公共服务的改善:基于农民需求的视角[J].改革,2019(6):92-101

[19] 谭磊.乡村振兴背景下农村公共服务现状及发展对策[J].河南农业,2019(32):53-54.

[20] 李成威.公共产品的需求与供给评价与激励[M].北京:中国财政经济出版社,2005.

[21] 徐小青,郭建军.中国农村公共服务改革与发展[M].北京:人民出版社,2008.

[22] 鄢奋.农村公共产品供给的问题与对策[M].北京:社会科学文献出版社,2011.

[23] 中共中央 国务院关于"三农"工作的一号文件汇编(1982—2014)[M].北京:人民出版社,2014.

[24] 范逢春.农村公共服务多元主体协同治理机制研究[M].北京:人民出版社,2014.

[25] 刘成奎.激励机制与农村基本公共服务供给研究[M].北京:中国社会科学出版社,2015.

[26] 陈少艺.当代中国"三农"政策变动:基于"中央一号文件"的研究[M].上海:上海人民出版社,2016.

[27] 卜晓军.新中国农村公共服务供给的制度变迁[J].西北大学学报(哲学社会科学版),2010,40(1):98-101.

[28] 王海员,陈东平.村庄民主化治理与农村公共品供给[J].中国农村经济,2012(6):72-84.

[29] 李燕凌.县乡政府农村公共产品供给政策演变及其效果:基于中央"一号文件"的政策回顾[J].农业经济问题,2014(11):43-50.

[30] 胡绍雨.我国农村公共产品供给问题研究[J].经济论坛,2014(4):110-114.

[31] 曲延春.农村公共产品的非政府组织供给:理论逻辑、现实困境与路径选择[J].农村经济,2015(12):21-24.

[32] 朱松梅,雷晓康.城镇化进程中我国农村公共服务供求的困境与求解[J].西北大学学报(哲学社会科学版),2016,46(2):165-173.

[33] 张新文,詹国辉.整体性治理框架下农村公共服务的有效供给[J].西北农林科技大学学报(社会科学版),2016,16(3):40-50.

[34] 崔昱晨,杨永淼.农村公共服务供给侧改革的阻碍因素与政策建议:基于地方政府内部机制分析[J].农村经济与科技,2016,27(19):228-231.

[35] 康健.农村公共服务精准化供给侧改革的需求导向研究[J].农村经济与科技,2016,27(19):233-234.

[36] 龚琪淋.基于协同取向的农村公共服务供给模式研究:以湖北省咸丰县为个案[D].武汉:华中师范大学,2015.